詩人の遠征

14

草森紳一「以後」を歩く

李賀の「魂」から、副島種臣の「理念」へ

愛敬浩一

洪水企画

目次

草森紳一「以後」を歩く

——李賀の「魂」から、副島種臣の「理念」へ

プロローグ

はじめに魂であったものが、つぎに理念として生まれかわり、精神の幾何学をつくるにちがいない。

——吉本隆明『言葉からの触手』より

草森紳一は、二〇〇八年三月十九日、門前仲町のマンションにおいて心不全で亡くなった。今の時代では、七十歳というのはまだ若いという印象であろう。そして、驚くべきことは、わずか2DKのマンションの中に三万冊とか推定される蔵書があったことだ。玄関にも、廊下にも、在りとあるところに本が積み上げられ、たまたま崩れた本で、風呂場に閉じ込められた話から始まるのが、『随筆　本が崩れる』である。さらに言っておけば、これが草森紳一の生前最後の著作となったのにも、どこか因縁を感じないでもない。

もちろん、草森紳一の名前は、私も昔から知っていて、『ナンセンスの練習』だけは持っていたものの、身を入れて読むようになったのは、その『随筆　本が崩れる』に出会ってからである。同書には、本が所狭しと積み上げられた写真も数多く収録されていて、心が躍った。整理整頓などという秩序の思考方法とは真逆の、ただただ思いのままに読んでは積み、もしくは、読もうと思って積み、やがて、無造作に積み上げられた山から、思いもつかない考えが生まれた奇跡を見るのである。

圧倒的な量は、どこかで質的な変化を起こすのではないか。ふと、そんなことを考えさせるような蔵書のありさまである。

さらに、驚くべきことは、草森紳一の死後、彼の新刊書がコンスタントに刊行され続けたことであろう。その死後、既に十二冊が出版され、まだ本になってない各誌の連載も残されている。

二〇〇八年七月　『夢の展翅』青土社
二〇〇八年八月　『不許可写真』文春新書
二〇〇九年二月　『「穴」を探る　老子思想から世界を覗く』河出書房新社

二〇〇九年五月　『中国文化大革命の大宣伝（上）』芸術新聞社
二〇〇九年五月　『中国文化大革命の大宣伝（下）』芸術新聞社
二〇〇九年七月　『フランク・ロイド・ライトの呪術空間　有機建築の魔法の謎』フイルムアート社
二〇〇九年八月　『本の読み方　墓場の書斎に閉じこもる』河出書房新社
二〇一〇年二月　『古人に学ぶ　中国名言集』河出書房新社
二〇一〇年四月　『文字の大陸　汚穢の都　明治人清国見聞録』大修館書店
二〇一一年六月　『勝海舟の真実　剣、誠、書』河出書房新社
二〇一一年六月　『記憶のちぎれ雲　我が半自伝』本の雑誌社
二〇一三年四月　『李賀　垂翅の客』芸術新聞社
二〇一四年五月　『その先は永代橋』幻戯書房
二〇一五年七月　『絶対の宣伝　ナチス・プロパガンダ1』文游社　※
二〇一五年十二月　『絶対の宣伝　ナチス・プロパガンダ2』文游社　※
二〇一六年五月　『絶対の宣伝　ナチス・プロパガンダ3』文游社　※
二〇一七年一月　『絶対の宣伝　ナチス・プロパガンダ4』文游社　※

二〇一八年二月　嵩文彦との共著『「明日の王」　詩と詩論』未知谷
二〇一八年十一月　改訂版『随筆　本が崩れる』中公文庫　※
※　出版社を変えての復刊。

厳しい出版状況の中で、よくもまあ、次々とこれだけの量がその死後に、刊行されたものだと思う。特に『李賀　垂翅の客』や『中国文化大革命の大宣伝』、『絶対の宣伝　ナチス・プロパガンダ』などは大部の「巨大本」である。いやいや、「巨大本」という用語は、一九七二年十一月に刊行された『江戸のデザイン』（駸々堂出版）に対してこそ使うべきで、それに比べれば、大きめの本というだけのことかもしれない。毎日出版文化賞を受賞した『江戸のデザイン』は横尾忠則の装幀だが、書物というより美術品に近い。現在までのところ、草森紳一の専著は六十四冊（増補版や復刊も含む）、対談本が一冊ということになろうが、そのどれもがモノとしても魅力に富んでいる。一冊一冊が取り換えのきかない特別なモノということではないか。ファンとしては、草森紳一の全集を見てみたい気もないわけではないが、まずは残りの雑誌連載などが無事に単行本になることを祈りたい。特に、副島種臣に関するものの早期の刊行を願う。

さて、本書は『草森紳一の問い』に続く、草森紳一についてのシリーズ第二弾であるが、それを、ことさらに〝草森紳一「以後」〟としたのは、二つの理由がある。一つは、既に見た通り、草森紳一の死後に多くの著作が刊行され、それらについて意識的に書こうとしたからである。もう一つは、若き日の〝李賀に憑りつかれた草森紳一〟に対して、〝副島種臣に身を寄せる草森紳一〟とでもいうべきテーマを取り出せないものだろうか、という私の野心である。「李賀」が「魂」であり、「副島種臣」が「理念」ということかもしれぬ。

まあ、いずれにしても、私の思いつきの範囲を出ない。何ともわがままな「雑文」だと思う。〝草森紳一「以後」〟を歩くのは、「私」のつもりだが、「草森紳一」自身が歩いているのかもしれない。このタイトル名の曖昧さを回避しなかったのは、そのためである。いつか、どなたかが、きちんとした〈草森紳一論〉をまとめていただければ、それでいい。

副島種臣が隠れていた

『随筆　本が崩れる』を再読する

―　本当に、本は崩れたのか？

まるで、読者に媚びへつらうような本ばかりが溢れるようになってしまったのは、一体いつ頃からであろうか。

まあ、「寝ながら学べる」や「90分でわかる」とか、「面白いほど／よくわかる」や「毎日使える／必ず役立つ」ならまだしも、なんと「知識0からの」や「サルでもわかる」とか、ちょっと手を出すのもはばかられる言葉までが、本のタイトル名に顔をのぞかせている。もちろん、それはハウツー本のたぐいの話であり、それが「わかりやすい」とか、「懇切丁寧」とかいうような意味であることぐらいは、私にも分からないではない。ただ、その「生き馬の目を抜くような」あざとい惹句は、洒落ではすまされまい。もしも、それでも理解できなかった場合には、それらの言葉は逆に、どれほど人をあざ笑うことになるのか、一種の〝脅し〟にさえ見える。

それに比べれば、草森紳一はなんとキッパリ、読者など気にせず、自ら思うがまま文筆を続け、それを生業としたことだろうか。

例えば、『日本ナンセンス画志　恣意の暴逆』や『悪食病誌　底のない舟』、『衣裳垂れて天下治まる』や『あの猿を見よ　江戸佯狂伝』など、とても売り物とは思えないような書名の本を草森紳一は出している。そこには、どのような意味でも読者に対する忖度はない。悪乗りとも言えるような遊びであり、とても褒められたものではないものの、自らに誠実であろうとする余りの逸脱であろうことが分かる。

いや、草森紳一本人にすれば、本意でない仕事もあったかもしれぬ。

ただ、どんな仕事であれ、自らの興味に引きつけ、読者に忖度するような書き方をしたことは一切ないように見える。

その晩年近く、『随筆　本が崩れる』（文春新書）で、そこに挿入されている、膨大な本の山の写真などによって、草森紳一は再び話題となった。確かに、狭い室内に本が溢れている様子は尋常ではない。まして、その冒頭部は、「ドドッと、本の崩れる音」がして、草森紳一が「風呂場の中に閉じこめられた」エピソードである。自虐ネタであるから〝読者サービス〟のように見えないでもないが、たぶん、そういうことではない。草森紳一は事実を事実として述べただけなのだ。確かに「風呂場の中に閉じこめられた」時、「本が崩れる」という小事件があったろう。しかし、『随筆　本が崩れる』に挿入されている「本が崩れる」事件の、証拠のような、多くの写真は、実のところ、単に積んであるだけのものなのである。

床に本が積んであるのは、本棚が既にいっぱいだからだ。それでも本が増えるのは、本を買うからである。やがて、床に転がっている本を足で蹴っとばすようになり、本も「蹴られて嬉しそうな表情をする」ようになったという。それを「やりきれない」とも思い、「資料もの」の「物書き」になったことの「罰」だと自覚し、「古本屋の借金」も減らないと嘆いてもいる。

《死んだ父は、なにかのレポートらしいのだが、息子の職業欄によほど困ったのか、「趣味で生活している」としていたのを見て、唖然としたことがある。作家とか評論家としなかったのは正しいが、もはや趣味でもありえなくなっているのだ。

私は、これまで一度も作家であるとか評論家であるとか、自称したことなどない。自分では「物書き」としか言ったためしがない。ただ問われると、どうでもよい、まかせると黙認しているので、いかなる肩書きをつけられても、文句を言わない。実際は世にいう「生活」などとは、とっくに無縁となっている。もし趣味で、奇蹟的に生活が可能ならば、やはり「生活」のうちであるが、そうはなっていない。まあ、どしがたき平成の遊民ではあるだろう。》

草森紳一は、まるで子供のように素直に、自らについて語っている。本を「蹴っとばす」話もあったが、その一方で、「私は、いかなる本にも愛情《おもいで》がある」と述べ、「一冊一冊、苦労して手に入れたものなので」、「思い切りよく売り払う」ことも出来ずに、「すべてをかかえこむ」しかないのであるとも言う。草森紳一は、決して「読書人（趣味人）」などではなく、「どしがたき」者となってしまったことを、素直に告白しているだけなのだ。「物書き」であることによって、そういう「おそろしき物塊」と化した本（資料）と世の中（現実）の間で、奇跡的な「生活」を送ったのだとも言える。

やたらと本（資料）が増殖するようになったのは、「資料もの」をやるようになったからだと、草森紳一自身は言い訳をするものの、本当は逆で、本（資料）が草森紳一を世の中（現実）へと繋げるような、奇跡的な道を拓いたからこそ、本は増え続けたのではないだろうか。

昭和から平成に移った頃、五十代になった草森紳一は、まるで李賀に対するこだわりの代わりでもあるかのように、漢詩人であり、書家であり、政治家でもあった副島種臣の評伝に意欲を示す。『随筆　本が崩れる』の冒頭にある「ドドッと、本が崩れる音」がして、「風呂場の中に閉じ込められた」エピソードも、実は、副島種臣の本（資料）について語るためのマクラに過ぎないようにみえないでもない。

そもそも、どうして副島種臣なのか、などという説明もないままに、われわれは、いきなり、その渦に巻き込まれる。

《彼（副島種臣――引用者）の詩には、たくさんの名前が出てくる。ほとんどがそこらの人名辞典で調べても、出てこない。それをさぐるのは、容易でない。今でも二割位、不明のままであるが、よくしたもので、雑本の類のどこかにその事蹟が隠れている。それは、地獄の認識（もちろん、快楽でもある）というべきで、かくて本は、ねずみの大群の如く、わが部屋を襲いはじめた。

お孫さんの副島種経氏にお会いした時、伝記をやると、破産しますよと心配そうに仰言られた。はじめから破産していますからと答えたものの、加速して集ってきた本は、どんどん床積みにされていった。

そのころ、ほとんど同時に、中国文化大革命をナチスと同様に宣伝の見地からするという仕事をはじめていた。時代が新しくて、最初は資料不足で困っていたのだが、第二次天安門事件以降、それこそビッグバンの大爆発で、当時の体験を語った本がおびただしく出版されはじめた。嬉しい悲鳴とは、このことである。》

肝心の副島種臣の話に入っていきそうなところで、ナチスや文化大革命の方へ流れが逸れる。渋滞し、迂回する。草森紳一は、ヒットラーや毛沢東について大部の著作があるが、それらには政治思想的な意図も、社会科学的な展望もない。ただ、「宣伝」という観点があるばかりである。いや、宗教も国家も「宣伝」であるという草森紳一の立場からすれば、「宣伝」は政治思想や社会科学と別物でないと言えなくもない。ただ、草森紳一は、そういう「宣伝」という、「空虚の裏で、躍り躍らされる人間たちのなまなましさ」の方に興味があると述べる。「ナンセンス」の練習が続けられているとも言えそうだ。

そうだ、「本」（出版物）も「宣伝」だと草森紳一は言う。

その「本」を読み続け、そこで「地獄の認識（もちろん、快楽である）」を得たり、おびただしい「本」に「嬉しい悲鳴」をあげている草森紳一自身も、その「本」を間にして、世の中（現実）と相渡っているように見える。

さて、「床に積みあげてある本の群」が、それぞれ信長秀吉家康関係、水戸学関係、北一輝の著作や研究書等々、草森紳一なりに「整理されている」ことなどが語られ、副島種臣のことへ向かうまでに長い迂回が続く。

副島種臣の足跡を尋ねた、一九九八年六月の秋田への旅に言及するのが71ページ、副島種臣関係の地へ向かう前に、平田篤胤の墓へ行くのが80ページで、ようやく、88ページにいたり、秋田県立図書館で副島種臣の資料調べに入る。

そもそも、草森紳一は、あるシンポジウムへ出席のついでに副島種臣の足跡を尋ねようと考えたのである。そして、不意に核心を衝く。

《「春夜、竹亭の席上、寧斎と三矢子、庄内の旧事を語る。談、余が援師（援軍）を率いて、秋田海口《かいこう》に到るに及ぶ。庄内、是れ自《よ》り、復北《に》げる能《あた》わずと。余、此に於て、老気勃然とす。寧斎、詩を賦して示すを見る。因て酬《むく》い、兼ねて三矢子にも似《なら》う」

右は、副島種臣の詩序であり、長い詩題である。明治二十六年春の作と思われるが、旧庄内藩士三矢藤太郎（『南洲翁遺訓』の編者。種臣、その序を書く）が上京した時、種臣は春の一夜、竹亭に彼を招待したが、その時、肥前諫早出身の若き漢詩人野口寧斎も呼んで相伴させた。その竹亭の宴席で、寧斎と三矢子の会話が、いつしか維新前後の庄内の旧事（戊辰の役における北陸戦争）に移り、さらに種臣が長崎湾から軍艦で援軍を率いて秋田の海港へ到着した時の話へと及んだ。この時点の庄内藩は、種臣らの官軍に抵抗する佐幕である。秋田藩は、官軍側についている。》

この引用の手前で、草森紳一は、副島種臣について「明治の政治家にして漢詩人、また書家としても名高い」と言うだけである。

たとえば、『広辞苑』第五版に、「幕末・明治期の政治家。蒼海と号。佐賀藩士。幕末、志士として活動。維新後参議となり、外務卿在任中マリア・ルーズ号事件の解決にあたる。征韓論を主張して下野。のち枢密顧問官・内相など。漢詩・書を能くした。伯爵。（1828～1905）」とあるようなことは前提としているわけであろう。

いやいや、草森紳一は、そういう前提などにとらわれることなく、副島種臣の思いに入り込んでいる。読者が副島種臣について知っていようが、いまいが、ただ、幕末期の行動と、それを詩として振り返る妙味に心惹かれているのだ。その詩の中に、若き日の副島種臣をありありと思い浮かべている。

副島種臣について、基本的な知識がなくとも、大きく歴史が動いた幕末という背景と、そこを駆け抜けた人の「詩」と「書」とが草森紳一を〝鷲づかみ〟にしていることがよく分かる。「勃然」は、にわかに、勢いよく起るさまだ。「老気」は、草森紳一自身の思いのようにも見える。若き日、かつて、夭折した李賀に対して感じたのと同じような興味が、甦っているのかもしれない。

《この援軍到着により、庄内はもう官軍と戦うしかなくなったという。誰がそう思うのか。これは、三人それぞれの立場から見ての共通の意見であろうか。この旧事を論じているうち、種臣の老気は、この若き日のことを想いだし、「勃然」としてきたという。まず野口寧斎と三矢藤太郎が、その宴席の場で漢詩を作ってみせる。それを見ながら、ただちに種臣も応酬した。

私が調べたかったのは、種臣のいう「余が援師を率いて、秋田海口に到る」である。勤王か佐幕かで、ずいぶん迷っていた秋田藩側の資料では、この到着をどう見ていたのか。また秋田海口とは、どの港を指すのか。種臣は、下船するや秋田城内に乗り込んでいったようだが、それを具体的に示す資料はあるのか。》

図書館で、種臣のいう「秋田海口」が、船川港であることだけは分かる。「気が重い『書』をめぐるシンポジューム」が終わった翌朝、秋田駅からJR男鹿線に乗り、羽立駅で下車する。

《船川港は、江戸時代、船川湊《みなと》といい、秋田の土崎湊への風待港《かぜまち》である。嘉永六年には、出没する異国船にそなえて台場が作られ、砲台もあったという。

海艦　突兀《とっこつ》として萬兵を載《の》す

右は副島種臣が旧庄内藩士の三矢藤太郎へ贈った長篇の中の一句で（「贈三矢藤太郎歌」）、その詩を収めた長大の書幅が残っている。庄内鶴岡市にある致道博物館で開かれた副島種臣展で、この傑作の「本物」にはじめて接した。

「海艦　突兀として萬兵を載す」は、北陸戦争の援軍として、種臣が軍艦に九州の官兵を載せて、率いてきた時の模様である。「突兀」は、高く空を突かんばかりに立つさまをいう。「突兀」。甲板に兵を満載して海中に浮かんだ軍艦に対する種臣の印象であり、かつ彼の意識のありようを示しているのだろう。》

状況は流動的であった。秋田藩が庄内藩と同じ佐幕なら、海戦の可能性も、上陸後の陸戦もありえた。副島種臣にとって、「この場面、想い出すだに、血湧き肉躍るものだったかもしれない」と草森紳一は想像する。

副島種臣は、この船川湊で下艦し、佐竹氏の久保田城へ談判のために向かったようだ。「徒歩か、馬か、駕籠か」。草森紳一は、そういう細かいことが気になる。副島種臣の戦略的な、もしくは政治的な役割などよりも、そういう細部にこだわる。

余分な話だが、大学時代から、卒業後まで七、八年間ぐらい、私は右遠俊郎という、決して有名とも言えない小説家のところへ出入していた。芥川賞候補作家であり、麻布学園（中学校・高等学校）の教員を辞め、右遠さんが〝筆一本〟になったばかりの頃だった。私は「先生」と呼んだことはないが、〝文学上の師〟とは思っていた。その右遠さんが「〈ありのまま〉に書くのではなく、〈ままのあり〉に書かなければならない」と言ったことが今でも忘れられない。私なりの受け取りに過ぎないが、小説でも、文章でも、事実をなぞれば済むわけではなく、まさに、そこに出来事が浮かび上がるように描かなければならないということではないだろうか。

そういう観点からすれば、それが「徒歩か、馬か、駕籠か」という草森紳一のこだわりに、なるほどと思うのである。

《この日、微風あって、わが体調の不可を愛撫するが如く、いい気持だったから、なおも港内をぶらぶらしていると、グリーンの下敷の入った靴が、片方だけ棄てられているのを見つけ、近寄ってまた写真に撮った。片方の靴のみというのも、気になるが、下敷が「緑」というのにも、心は魅かれる。そこで、もう一枚撮った。こんどは、その靴と一緒に、さきの海を眺めている青年のうしろ姿もいれて撮った。私は棄てられた靴を見つけると、なぜか写真に撮りたくなる。

嗚呼　耋《お》いる矣《かな》　今　則ち愚なり

副島種臣が、野口寧斎と三矢藤太郎に応酬した詩のラストである。この年の前年（明治二十五年）、かつがれて種臣は内務大臣となっている。征韓論下野後、ひさしぶりの政界への復帰であったが、三ヶ月もたたぬうちに辞職し、下野している。「今則愚」。政争にまきこまれ内務大臣となったことが、「愚」だというのか。》

草森紳一の読者なら、棄てられた靴に心を動かす彼の姿は〝お馴染み〟である。どういうわけか、汚いものや、棄てられたものに対して、草森紳一の詩心はきらめくのである。文中の「また写真に撮った」というのは、この引用の少し前に、「一人の旅の青年が、岸壁に座りこんで、海を眺めていた」うしろ姿をコンパクトカメラでパチリとやっているからだ。詩情と言えば、こちらの方が一般的に分かりやすいことだろう。

たぶん、「棄てられ靴」が「愚」を連想させたのである。

この後、草森紳一は寒風山の頂上に立つものの、「頂上にたって四囲を眼下に収めるより、私個人は、平地からその姿を遠く眺めやるほうが、ずんと好きだ」として、早々に頂上を去る。タクシーの運転手は、それが不満のようだが、別に観光旅行ではない。「頂上は、いつだって、その山容を失う」という感想は、草森紳一の方法論でもあろう。

牡鹿温泉に泊まった翌日、その日のうちに東京へ戻りたい草森紳一は、最北端の入道崎へ向かう。そこで、赤神神社五社堂の誇る「伝九九九段」の石段に挑戦する、読みようによっては、グダグダした、何とも締まりのないエピソードが、風呂場に閉じ込められたのと同じような〝自虐ネタ〟になるのだが、それも、副島種臣がらみであるところに、この『随筆　本が崩れる』という著作の隠された意味があるのではないだろうか。

《私は、うーんとまたもや迷ってしまった。

見知らぬ客への精一杯の親切だとわかっていたが、リュックの中の本を危惧していた。とりわけ副島種臣の漢詩文集『蒼海全集』が六冊、そっくり入っていた。

万が一、泥棒が盗んだとしても、和綴の紐が切れ、かろうじてクリップで止めてあるものの、ボロボロの『蒼海全集』など、「こいつは、なんだ」とゴミにしか思わぬだろう。こいつが、もっとも困る。ポイ棄てにされてしまうのを、もっとも私はおそれていた。そうなれば、捜査願いをだしても、出てこない。

たとえ盗まれても、買いかえればよいではないかともいえるが、そうはいかぬ。詩篇のそばには二十年かけた書き込みが、ぎっしりとなされてある。自分の見解のみならず、諸書からの引用をふくむので、紛失した場合、已《や》んぬる哉《かな》、もうとりかえしのつかないことになる。》

草森紳一は、赤神神社五社堂への「伝九九九段」を登ってみたい。ただリュックの重さが気になる。喫茶店に預かってもらおうとしたが、女主人は、友達と会うので閉めるという。その喫茶店の隣りが彼女の実家で、その玄関前に、材木の端切れなどにむしろをかけた山がある。

女主人は、そこに隠して置けばいいと勧める。そこで、草森紳一は、「うーん」と悩んでいる。

草森紳一が悩むのは、いつも、現実と夢想の間である。

それほど『蒼海全集』が大切なら「伝九九九段」の石段をあきらめればいいのだが、悩む。狭い二ＬＤＫのマンションの中で本の姿が見えないのは浴室のみだから、本が崩れれば閉じ込められることになる話と同じだろう。まあ、草森紳一が〝現実〟を捨てていないところこそ見なくてなるまい。

Ⅱ　未刊の『紉蘭《じんらん》　詩人副島種臣の生涯』を少し覗くと

草森紳一は、なぜ副島種臣に関心を持ったのか。

その理由を挙げれば、いくつもあるように思うが、もっとも重要なのは、副島種臣がその生涯の最後まで〝現実〟を捨てていないところにあるのではないだろうか。

残念ながら、『紉蘭　詩人副島種臣の生涯』は未だ刊行されていない。私は雑誌連載の一部分を読んだだけだ。国会図書館で、そのすべてのコピーをしたいと思うばかりで、その煩雑さを考え、二の足を踏んでいる。折り悪く、新型コロナウイルスの流行も絡んだ。
今回は、手元にある「連載第七回」（「すばる」一九九二年一月号）だけを覗くにとどめる。

《「新聞、急鐘《きゅうしょう》を乱打す。御前会議の結果、閣臣皆断、天皇宜《よろし》と宣《のたま》へり。大詔《たいしょう》渙発《かんぱつ》両三日中、肉躍《おど》る」

石川啄木『甲辰日記』の明治三十七年（一九〇四）二月九日よりの引用である。「与謝野鉄幹兄の手簡来る。七日に一葉会を故天才一葉女史の故宅に催したり」との記載も、この日のものである。啄木、十九才の時である。日露開戦前、

断の一字あるのみ

と切歯扼腕し、戦端開かれるや、号外の呼び声に、いちいち心を騒がせている寂寞の市隠、七十七才の副島種臣。私には、一徹な老政治家の言葉というより、宇宙茫茫の観念の高みから日本の戦争をとらえる漢詩人の孤独な託宣声としてきこえてくる。しかし、

と日記に書いた十九才の新鋭詩人たる石川啄木の言葉をくらべながら、比較軍配のむなしさを知りつつ、なんだろう、これは！　と妙な気分に、やはりなってくるのを防ぐことができない。同じ若者でも、二十一才の学生だった志賀直哉の「よせばいいのに随分馬鹿だねぇ」という日記の感想とはあまりに開きがある。》

これが、【連載第七回】の冒頭部分である。草森紳一は、石川啄木を「愚劣」というわけにいくまいし、志賀直哉を「非国民」と非難したり、反対に「反戦論者」と持ち上げたところで、人それぞれだとするしかないとする。そこから、二年もすると啄木の心境も大きく変わる。さらに、与謝野晶子の「君死にたまふことなかれ」という詩や、幸徳秋水の「平民新聞」社説も掲げ、副島種臣の「断の一字あるのみ」という言葉を、改めて立体的に浮かび上がらせる。

副島種臣は、佐賀藩弘道館教授であった枝吉種彰の二男として生まれた。初名は二郎、龍種。通称は次郎。のち、副島家の養子となった。号は蒼海、一々学人。実兄は枝吉神陽《えだよししんよう》（1822～1862）で、〝佐賀の吉田松陰〟とも言われ、水戸の藤田東湖と〝東西の二傑〟と並び称された人である。

七十七才の副島種臣が日露戦争をどう見たのか。

この［連載第七回］では、ここから先に副島種臣は現れない。枝吉歌麿の存在を一方に示し、その関連で四十二才の森林太郎（鷗外）などに触れ、もう一方に、旅順包囲軍ルポの承諾を得た志賀重昂の動きを見る。


《枝吉歌麿は、職業軍人である。あえて命令と服従を義務づけられた空間を選び、その中を生きている。それを踏まえた上で、妻や子があり、岳父の種臣の存在があり、目で見たことのない養父神陽の伝説が、歌麿にのしかかっている。

人となり寡黙であったともいわれるが、詩歌を嗜まなかった歌麿は、ほとんど言葉を残していないので、その意識をさぐることができない。戦場における歌麿の声は、きこえてこない。せめて彼が属した歩兵第一連隊の満洲における戦歴、彼が二〇三高地で戦死するまでの動きを、これまで部分的に語ってきたが、あらためて順を追って見ておきたい。》

副島種臣は日露戦争のさなか、明治三十八年（一九〇五年）一月三十一日に没する。享年七十八。
二〇三高地に攻撃開始したのは、明治三十七年（一九〇四年）十一月二十八日である。同年十二月五日には陥落するものの、ロシア軍も一ヵ月ほど頑強に抵抗し、降伏したのが翌年の一月一日。結果的には、二〇三高地の占領は、戦略的にも戦術的にも日本側に寄与しなかったとされる。ポーツマスで講和条約が結ばれるのは同年の九月。

もちろん、私には、枝吉歌麿の動きを追う興味はない。いくつか気になる点に触れるだけだ。動員令は、明治三十七年（一九〇四年）三月六日に下る。枝吉歌麿少佐は、歩兵第一連隊の第一大隊長であり、乃木希典の子息勝典少尉は、第三大隊第九中隊の小隊長である。歌麿は、病気を押しての出陣だったという。歌麿の妻・栄子は、子を連れて新橋駅へ見送ったと思われると、草森紳一は推定し、「岳父である副島種臣も、駅頭にあったであろうか」と思い描く。

ほぼ一ヵ月後、広島の宇治から韓国の鎮南浦へ向けて出港。この時、歩兵第一連隊は、第二軍へ第三第四師団とともに編入さている。第二軍の軍医部長として、四十二歳の森林太郎（鷗外）もそこに混じっていた。歌麿は、鷗外より一歳下である。草森紳一は、森鷗外の『うた日記』なども引用しているが、私は触れない。

歌麿の属す第二軍が鎮南浦を出港するのは五月五日で、翌六日に、遼東半島に上陸。草森紳一は、『歩兵第一連隊史』に拠りながら、細かく記述しているが、これにも私は触れない。草森紳一も、途中で、志賀重昂の方へ視点を移す。

志賀重昂は、八月二十一日に新橋駅を出発している。歌麿と同年の生まれでもあるので、登場人物としてはバランスがいいのかもしれない。

志賀重昂は札幌農学校の出身で、地理学を学び、内村鑑三の教えを受けたが、キリスト教の洗礼は受けていない。伊藤博文の立憲政友会に入り、明治三十五年、三十六年と故郷の岡崎から立候補、衆議院議員に当選しているが、三十七年三月に落選。日露戦争の従軍記者を志す。

《まず海軍に従軍し、その根拠地を巡航し、つづいて、すぐに陸軍の従軍を希望したが、許されず、西園寺公爵、寺内陸軍大臣と手をまわし、ついに早稲田大学で教鞭をとること十年の実績をもって、旅順包囲軍ルポの承諾をうる。従軍は明治三十八年の一月二十五日まで及び、その文章は、『国民新聞』に連載され、のちに『大役小志』（明治四十二年）として本になった。地理や自然への視線の豊かさを漢詩漢文脈がよく生かし、その中に「日露戦争」の実体と「日本」のあるべき姿を捉えかつ示した出色のルポルタージュである。『大役小志』のうち「旅順口」は、日記のスタイルをとっている。》

まあ、こんな風に、岳父・副島種臣から枝吉歌麿へ、さらに志賀重昂へと視点を移し、それにつき合っていれば、草森紳一の〈副島種臣伝〉の連載が果てしもなく続いた意味が分からなくはない。ただ、これが草森紳一の方法なのだ。安易な意味づけを避け、文献を立体的に読み込む。文献そのものに語らせようとする。遠くから眺めるのではなく、自ら現場まで出かけるように目を凝らす。

十月二十六日、第二次総攻撃が始まる。この時、枝吉歌麿の歩兵第一連隊は温存されている。志賀重昂は、攻城砲兵司令部の山頂で諸将軍とともに観戦する。

《「シゥーと来るは全弾なり、其のボァーンと大に振動して地に落ちたるは爆発せしものなり、ピューンと鳴るものは弾丸破片の横断面的即ち弱く来るものなり、キュ〳〵と来るは弾の被套の飛ぶなり、ヂドーン・ヒューと響くは榴霰弾にあらずんば臼砲の弾なり、デューンとするは十二珊《サンチ》の海軍砲なり、ドゥーと長く太きは海軍砲なり、ドゥーン、ドゥーン、ドゥーンと大地に震ふは二十八珊砲を放射せるなり、ヴューと声するは砲弾を放射して後、その音響が後方の山角に撞撃《しょうげき》して反発するものなり、カッサ〳〵〳〵とするは弾の銅帯の一部脱したるが為めに空気の此の部分に衝突して発するものなり、トン〳〵とするは小銃なり、ブンと飛ぶは銃丸の眼前に来るなり」

なんという長い重昂の息であろうか。なんというしつこい想像力であろうか。銃砲弾の音をいちいち擬音化し、戦争の重圧をはずしているのだともいえ、遊んでいるのだともいえる。重昂は戦争の「実体」に負けそうになるのをこらえるため、執拗に「はずし」で以て、打ち返しているのである。「世間何物の音響か能《よ》く大、壮、偉、快なること、此の音楽に比《くら》ぶものあらんやと存じ候」といい、この旅順包囲攻撃戦の模様を天地地下にかつてない妙なる交響楽になぞらえている。》（注「珊」は、センチメートルの音訳。）

長々と引用した。志賀重昂の文章についての草森紳一の感想も見ていただきたいため、しかたなく、長くなってしまった。この【連載第七回】は、この後、十一月三日の志賀重昂に触れ、「枝吉歌麿は、この天長節の日、どこにいたのだろうか」というだけで、副島種臣のことに戻ることもなく終了する。【連載第七回】では、副島種臣の言葉は「断の一字あるのみ」だけなのだ。

私も気になって、日露戦争関連の文献をいくつか捲った。たとえば『日本海海戦の深層』（ちくま文庫・二〇〇九年十二月）で、別宮暖朗は「日露戦争は少なくとも当時、わかりやすい戦争だった」としている。背景にヨーロッパ情勢があり、必ずしも「明治の為政者」は、それを考慮したわけでないものの、「朝鮮半島がロシアの勢力圏におかれることは、日本国民がロシアに奴隷化される第一歩」とみなした開戦であり、「欧米の指導者の大半はこの事情を理解していた」と書いている。

さて、こうして草森紳一の文章を読みながら、思いを改めたことがある。当初は、草森紳一が副島種臣に関わったのは「漢詩」と「書」があるからだろうと単純に思っていたのだが、むしろ、副島種臣が「政治家」だったからかもしれないと考えるようになった。いや、「政治家」の文章を排除しない精神とでもいった方が正確かもしれない。

そんな風に思ったのは、ふいに、武田泰淳『政治家の文章』（岩波新書・一九六〇年六月）を思い出したからである。残念ながら、草森紳一は武田泰淳と会うことなかった。もう少しで、出会う可能性もあったが、すれ違った。また、武田泰淳の『政治家の文章』が対象としているのは、彼の青春時代が中心となるので、たとえば日露戦争の絡みでいうと、『政治家の文章』に登場するのは、中尉の時に従軍した荒木貞夫ぐらいで、「二人のロシア通」という章に、外務省の芦田均と一緒に取り上げられているくらいだ。

司馬遷の『史記』が、漢代の政治家の「人間像を立体的に、全面的に記し伝えた」ものであるという伝統に従えば、政治家の文章に触れない方が不思議なくらいである。

武田泰淳は言っている。「明治以後の日本の文学者が、日本政治の中枢部から遠くはなれていたことは、彼らの文学者としての反抗と反俗のあらわれであったことは、まちがいない。と同時に、政治の中枢部を、自分たちの描き出す人生ドラマとは、まるで無縁のようにして放置しておいた」と。

言うまでもなく、近代小説が個人意識そのものを扱ったのは、何も「反抗や反俗」だけでなく、「政治の中枢部」のみならず、職業など、社会的役割を超えた人間意識そのものを対象としたからであろう。とは言え、政治家の文章を、まさに言葉として読もうともしなくなったことも事実であろう。


《かつての支配者に対する、私の恐怖心は、よっぽど濃厚だったと見えて、「忘れられぬ政治家」たちに、文章の通路から近づこうとした私の態度は、かなりおっかなびっくりのものであった。「暴露」とか「あばきだす」とか「墓をあばく」とかいう行為は、私の性に合わないし、審判や弾劾には自信のない生まれつきであるし、「衆生はすべて人間であることに於て平等である」という、釈尊の教えが棄てきれなかったりして、不徹底で断片的な感想をつなぎあわせるのが、せいぜいであった。丸山氏（丸山眞男――引用者）は、私のこのズルイような、バカのような態度を批判して「泰淳は、柳は緑、花は紅、あれも良し、これも良しだ」と語ったことがある。敬愛する親友にそうまで批判されて、返答のできないことは、男としてまことに恥ずかしいことであった。岩波新書として、この雑文を発表するにあたって、その恥ずかしさは、ますます私の全身にしみわたってくる。この恥ずかしさを克服し、そこから見事に（あるいは、たとえ見ぐるしくても）脱出できるか否かが、私の残り少い一生の課題となることであろう。》（同書「あとがき」より）

言うまでもなく、武田泰淳の、この「恥ずかしさ」は演戯的なものである。「ズルイような、バカのような態度」も、「男としてまことに恥ずかしいこと」も、この文章が、次に触れる、司馬遷の『史記』を導き出すための序詞のような役割を果たしているわけである。今さら、武田泰淳の『司馬遷　史記の世界』（一九四三年）を引き合いに出すまでもあるまい。

武田泰淳は自分の『政治家の文章』を「よみもの」と謙遜し、それには「しめくくり」のような結論もなく、もしそういうものがあるとすれば、丸山眞男の『現代政治の思想と行動』上巻・下巻（一九五六年・五七年）に「あますところなく説き明かされてしまっている」と言ってみせる。しかし、もしも本当に、丸山眞男の「精緻な分析に何一つ新しく付け加える」必要がないなら、『政治家の文章』が書かれるはずはなかったろう。

武田泰淳は、「私と正反対の意見が、おしつけがましく述べられている」政治家の文章を読んでも、それを「つまらない」とはしない。泰淳は、「彼らを批判するより先に、まず彼らに近づこう」とするのである。なお、泰淳は、自らの文章を「雑文」としている。草森紳一と対談する機会があったら良かったのにと、今さらながらに思う所以だ。

近代の政治学者などが思いもかけないところに眼を向けているところは、草森紳一の仕事を改めて見直すことにつながる。昔、軽く読み流したままの『政治家の文章』だったが、武田泰淳にとっても重要な一冊であることに、半世紀以上を経て、ようやく思い当たり、少し理解できたように思う。


《司馬遷の「史記」は、漢代の政治家の人間像を立体的に、全面的に記し伝えたものである。立体的に全面的に、あますところなく記録するために、この中国の歴史家は、「本紀」「世家」「列伝」などという、今まで無かった部類分け、全く新しい手法と構成を発明したのであった。》(同書「あとがき」より)

政治の中枢部、つまり「世界の中心となった政治的人間」を語る〈本紀〉、その中心をめぐる「列強」の状態を集録した〈世家〉、そのような上層部まで到達出来なかったものの、それらを脅かすか、または、守り支えた実力者の〈列伝〉という風に部類分けした上で、〈本紀〉に登場した人物が〈世家〉や〈列伝〉にも現れ、〈世家〉で語り尽くされなかった「性格や運命」が、〈本紀〉や〈列伝〉に散りばめられる、と武田泰淳は説明している。それが「立体的」であり、「全面的」という意味だ。

単に事実関係を述べるなら、それは、近代政治学の役割があろうが、そこに登場するのが人間であり、もしも、その人が言葉によって自らの行為を語っているのであれば、それは近代政治学とは別種の読み方があるように思える。

同様に、近代文学が、そういう政治家の文章を読むことを忘れて来たなら、ずいぶんと痩せた世界しか見なかったということなのかもしれない。

草森紳一の〈副島種臣論〉は、そういう〝武田泰淳の『政治家の文章』の試み〟をさらに広げたものと言うべきではないだろうか。

三　ついでながら、未刊の『薔薇香處　副島種臣の中国漫遊』も少し

ついでながら、『薔薇香處　副島種臣の中国漫遊』も少し覗いておきたい。手元にあるのは、連載「ＸＸＶ」の回（「文學界」二〇〇二年二月号）である。

まず登場するのは、板垣退助だ。草森紳一は、〈日本の名随筆〉というシリーズの『明治』（作品社・一九九九年一月）を編集していて、そこに副島種臣の文章等は収録していないが、「なぜ泣くの――朝日ワンテーマ・マガジン」第十五号（朝日新聞社・一九九三年十月）に「大幅に手を加えたもの」を、「板垣退助の涙」として自ら入れている。

とは言うものの、この連載の回は、板垣退助を入口にして、林有造を登場させ、ほぼ林有造が主人公のようなもので、副島種臣はその林有造の裏側に潜んでいるだけである。

仮に、副島種臣についての生涯を〈本紀〉として見立てるなら、西郷隆盛や板垣退助などについての記述は〈世家〉となろうし、林有造の話は〈列伝〉と分類出来るかもしれない。『広辞苑』第五版は、林有造について「政治家。土佐藩士。板垣退助を助け自由民権運動に活躍。国会開設後、自由党・政友会の領袖。二度入閣。（1842～1921）」と解説している。

確かに板垣退助の配下ではあるが、林有造は副島種臣との関係も深い。西南戦争に呼応した

〝立志社の獄〟で入獄し、後に衆議院議員となるのだが、この連載の回では、まだ西南戦争以前である。

《「貴君の志、大なり」

と板垣退助は、林有造に向ってまずこう言った。外務省を辞したのち、おそらくその報告がてらに、征韓論で下野していた旧土佐藩士の統師たる板垣を訪ねたのだろう。明治六年の暮れか。しかし、「宿志を興起し支那を漫遊せん」という林有造に対し、板垣は賛成しなかった。「貴君の志」とは、「朝鮮、台湾の方略」である。有造のいう「宿志」とは、その方略のためにも清国をよく観察しておかなくてはならぬという念願である。朝鮮は、清国の属邦である。台湾は、化外《かがい》の地であるという清国から言質を種臣はとったものの、なお曖昧のままであった。》

これが、連載の冒頭部分である。どこか小説的でもあると、言いたくなる。このことが、近代政治学的に、どうだ、こうだというような観点は、ここにはない。人間そのものへ思いが向かっている。草森紳一は疑う。「板垣は、どうも林有造が征韓論につき走るのを嫌っている節がある。征韓論者の板垣にしては、妙だが、とかく有造が過激に走りやすい危険性を見こしての処置だろうか。」と。または、次のように疑う。「副島種臣に乞われて、有造が外務省に入った時の如く、自分のてもとから彼が離れるのを嫌ってのことだろうか。」と。

その果てに、草森紳一は「というよりも案外、唯『合い性』が悪いという関係にすぎぬのかもしれぬ」と言いのける。「歴史なるものは、理論や志以上に、かかる『合い性』を以って大きく動いていったりするものだと私は思っている」と断ずるのが草森紳一なのだ。この辺りは、武田泰淳と対談でもしてほしかったところである。

《歴史の謎は、理詰めに探究するところから生じる虚構である。歴史は人間関係の堆積し複合した世界である。理や志は、その中にあって、つま楊枝みたいなものかもしれず、ならば謎は解けぬ。》

草森紳一の言葉である。実際のところ、「強気なわりには、お人よしな」林有造は、板垣退助の帰国要請に従う。「強気のおとしまえを自らとってしまう」。とは言え、林有造は、そのまま土佐は向かわず、薩摩へ寄る。そこに副島種臣の思惑も絡む。

《東京を発したのは、明治七年一月十三日であると、『林有造翁の獄中記』にある。そのまま土佐に向わず、薩摩へ寄って「前途の目的」を、まっ先に辞職し帰郷してしまった西郷隆盛に逢って聞きただすつもりでいた。なお志を捨てていなかった。このことを耳にした副島種臣は有造を呼んで、

「貴君、薩に至る（と聞く）。吾が県山中一郎を同行し、西郷氏の詳細を聞知《ぶんち》せしめよ」

と頼んできた。》

山中一郎は、肥前佐賀藩士だった人。明治二年に藩命によりヨーロッパ留学（海外視察）し、明治六年九月に帰国したばかりであったという。どう見ても、副島種臣に言われるままに動くしかない立場だろう。

一方、林有造は西郷隆盛と面識があるというほどでもなかった。その『獄中記』には、「余は西郷氏を知るも西郷氏は必ず余を覚えざるならん」とあるそうだ。草森紳一は、林有造が西郷に会ったとすれば戊辰戦争の時かと推定し、見かけただけかもしれないと考える。その上で、林有造の「こういうところが、板垣はひとつ信用がおけなかったのかもしれぬが、副島種臣は使いこなした」としている。

何はともあれ、林有造は西郷隆盛に面会出来る。林有造が板垣退助の門下で、副島種臣に従って清国に行ったことがあるというような情報が、西郷側にもあったからだろう。実際に西郷隆盛に会見するまで、まるでスパイ小説さながらで、ついに「篠原氏邸」へと案内される。草森紳一は、その場面も長々と、それこそ小説的に描写するのだが、ここでは触れない。むしろ、西郷の本意の方が重要である。

《下野とは、文字通り野に下ること、西郷の夢である隠遁とつながっている言葉でもある。中国流の下野は隠遁に等しく、自分の意が受けいれられないので、ひとまず退場し、機あらば官界に立ち戻るのが、士大夫のスタイルである。いったん下野すれば、忘れ去られやすい存在となるが、本来はそれ自体が批判の形式である。清国漫遊中の副島種臣にも、たえずその意識があった。いつかカムバックする。そのためには隠者を装いながら、どこかで己の存在をアピールしつづけねばならぬ。隠遁を口にしただけでも、アピールの方法になってしまう。

しかし無冠となった副島とちがい、西郷は、一方で軍の最高職である陸軍大将のままでいる。二重構造である。完全なる下野でない。下野後の西郷は、犬をつれて上野公園の銅像の姿のまま、薩南の野に兎を追っている。政府にとっては、鹿児島に陸軍大将がいて、隠者を装ってい

る不気味な図としか見えていない。》

この西郷隆盛に対して林有造がどのように向かい合ったのかを、草森紳一は長々と描写する。林有造の『獄中記』によっているわけだから、西郷隆盛の本当のところは分からない。まあ、ここでは深追いはやめておく。山中一郎が、この西郷隆盛との面談にどの程度の関わりを持ったのかも分からない。長崎で江藤新平に会った山中一郎は、江藤に従い〝佐賀の乱〟に加わり、処刑されてしまう。副島種臣への報告は、不可能となる。

同じく長崎で、林有造も江藤新平に会っているので、西郷隆盛とともにビッグネームである江藤新平の動きを見ておきたい。

《さて江藤（江藤新平――引用者）は、心淋しいのか、林（林有造――引用者）に佐賀経由で博多港へ行くようにとすすめる。乱がおこった時の嫌疑をおそれた林は断って別れる。が、その夜、再び江藤は長崎の宿へやってくる。

「今、島義勇君、着港。曰く岩村高俊君、県令の職を奉じ飛脚船にて下関に上陸、直《ただち》に熊本の兵を引率し吾が県に入らん」

とかく、この世のものごとには、神のおためしのごとき偶然（＝必然）がついてまわる。どうお前は対処するかの「天問」である。屈原の如く、怨みをもって天に問うのではなく、天よりの問いである。たとえば林有造の場合、西郷（西郷隆盛――引用者）の洩らした本意を他の藩士に伝えないと篠原邸で約束し、その門を出た途端、噂していた諸士たちが同邸へやってくるのに出喰わしたりするのも、天よりの問いである。この島義勇からの情報もそれである。かかる問いかけは、連発して発生するのが、ならいである。江藤は、有造に向って言う。

「島氏は同志なり。県令高俊君は貴君の弟なり。如何《いかに》」

江藤に最新の情報を伝えた島義勇は、佐賀の乱に加わって処刑されることになるが、副島種臣の親族でもある。西郷との対面により有造は、副島へ彼の意志を伝える約束もあった。岩村高俊は、有造の弟である。江藤と逢っている有造は、それだけでも官憲に疑われる状況にあったが、こんどは弟の高俊が県令として佐賀へやってくる。血肉の関係により、江藤側からも疑われる立場となる。いや、二重スパイとして、両方から疑われる状況もでてきた。

意志的に選択された二重スパイもあるが、このような大きく二派に分れた混乱期には、気にもしないですんできた日頃の人間関係が忽然と縮まって窮屈なものに変容する。ひとり残らず意識せずして二重スパイの候補となってしまう。両派に知己や親族がいるためだ。》

長々と引用した。切りがないし、これでは話がどこへ向かうのか、さらに分からなくなるものの、興味が尽きない。

征韓派の林有造は「徹底した官僚主義の兄と弟」を持っているので、まさに「二重スパイ」として疑われる立場に立っている。それぞれが右往左往するしかない状況だったのかもしれない。江藤新平が兵を挙げたのを知った林有造は、故郷へ帰らず、東京へ向かう。二月十九日、横浜港に着き、汽車で東京に入る。直ちに板垣退助には会うが、例の『林有造翁の獄中記』には、その時期における副島種臣についての記載がないのだという。官憲の目をはばかったのか、むしろ、会ったからこそ書かなかったのかが分からない。林有造は二十日以上、東京に留まるものの、三月三日には土佐へ向かう。その後、林有造は二度目の西郷訪問をするのだが、それについては省略する。

草森紳一は、清国漫遊中の副島種臣が、「西郷隆盛が起ちあがった時、連動するべきか、するべきでないかに迷いつづけていたという観点の下に」、あちらこちらへと筆を飛ばしていると言う。

以下、西郷隆盛の自刃までは、私自身のための、個人的なメモである。

明治七年（一八七四年）二月十六日に〝佐賀の乱〟が勃発する。四月十三日には、江藤新平は島義勇、山中一郎と共に斬首されてしまう。

明治八年（一八七五年）三月十二日に、板垣退助は再び参議となるものの、同年十月二十七日に下野している。

明治九年（一八七六年）十月二十四日に、熊本で〝神風連の乱〟が起こる。

西南戦争が始まるのが、明治十年（一八七七年）一月三十日。林有造が逮捕された〝立志社の獄〟は、同年八月八日であり、西郷隆盛の自刃は明治十年（一八七七年）九月二十四日である。

草森紳一は、この連載で「ここで、思い切って述べてしまうならば」と断わりながら、同じく明治十年九月二十六日に、副島種臣が清国から帰国したことを、当時の新聞記事（「報知新聞」二十七日付の府下雑報）を引用して示している。

《「副島種臣君には、昨朝東京丸にて帰港されたり。又同船には処刑済《ずみ》の賊徒多人数乗組《のりくみ》、上陸の時は何《いず》れも縄付にて二列に列し、巡査両側を護衛したり」

なんと凄まじい光景ではないか。この上陸の光景の中に上海帰りの種臣の姿が浮かぶ。凄まじいのは、西南の役で逮捕となった「賊徒」の行列のためではない。その中に副島種臣も歩い

ているからだ。手縄はないが、あたかもタラップを降り、罕頭《かんとう》を歩む種臣は「賊徒」の如くに想像されてならない。》

こういう新聞記事の雑報に目を止めた辺りに、草森紳一の詩心を見る。同年十二月五日、副島種臣は再び上海へ向かう。

雑誌連載の、この回は、さらに林有造の動向に触れて終わる。

読者としては、西郷隆盛の一周忌を「私祭」として催した、明治政府の官僚・吉井友美らのグループに、薩摩以外から副島種臣なども参加しているものの、そこから声がかけられなかった勝海舟のことなどを思い合わせると、浅からぬ因縁を持つ海舟というビッグネームにも触れたくなる。草森紳一には海舟についての著作があるからだ。その『勝海舟の真実　剣、誠、書』(河出書房新社・二〇一一年六月)には、中江兆民から見た、西郷隆盛絡みの話も出て来る。

もっとも、ここでは、土佐の林有造に絡めて、植木枝盛にも少しだけ目を向けておきたい。

明治七年(一八七四年)一月に下野した副島種臣、後藤象二郎、板垣退助、江藤新平等の前参議が、当時の新知識人らと共に名を連ね、民選議院の設立を要望する建白書を提出しているが、明治二十三年(一八九〇年)七月三日の第一回衆議院議員の当選者の一人に植木枝盛がいるのだ。草森紳一が話を広げたくなる気持ちがよく分かる。

いつもながら、『広辞苑』第五版の解説に従うと、「思想家・政治家。土佐藩士の子。自由民権運動の理論的指導者。板垣退助らと共に自由党を創設。著「民権自由論」「天賦人権弁」など。(1857～1892)」とある。三十六歳でなくなってしまう。

まあ、辞書的な説明だと思う。逆に、家永三郎『革命思想の先駆者　植木枝盛の人と思想』(岩波新書・一九五五年十二月)は持ち上げ過ぎかもしれぬ。西南戦争の時というか、〝立志社の獄〟の時、植木枝盛はまだ二十一歳で、立志社に勤めたばかりである。この人が凄いのは、家永三郎も少し触れているが、「植木枝盛くらい自分自身についてくわしい記録を書きのこした人は珍しい」と言う方だろう。漢文の『植木先生傳』と国文の『植木枝盛君略傳』という二種類の自叙伝の他、十七歳の時から、亡くなる十数日前までの「日記」及び、特別経験の「記録」もある。

板垣退助の配下に林有造がいて、さらに、その下に植木枝盛のような人が、うごめいていたわけである。ここでは、佃實夫『阿波自由党始末記』(河出書房・一九六七年五月)から、植木枝盛についての描写を引用しておこう。

《植木（植木枝盛――引用者）は文章家である。漢語の使い方がうまく、流麗簡明な文を書いた。

各地を遊説しての怱忙の毎日。そのうえ、暁近くまで酒を鯨飲し、妓楼に登って女を抱き、遊び呆けているように見える植木枝盛。その植木が、いつ読書し、いつ思索を纏めて執筆するのか、彼と一緒に旅行するまで、前田兵治には全くわからなかった。たった二日の同行だったが、写生や素描のように、植木は日記をつけ、草稿の断片を記録しているのを見た。酒を飲んでいるときでも、女と戯れているときでも、おそらく植木の思考は休まず、十年先、二十年先の日本の姿をえがいていているのであろう。》

言うまでもないが、草森紳一の方は、どのような意味であれ「史観」などというものは持ち出さず、ただ歴史の裏側でうごめく〝人間の姿〟を、そう言ってよければ〝リアル〟に眺めようしているだけである。

草森紳一から見れば、「十年先、二十年先の日本の姿」などどうでもいいのだと思う。ただ、明治六年の政変がどういうものであったにせよ、当時の留守政府派は民主化路線を驀進していたことは明らかで、その中に副島種臣も含まれ、その流れの先に植木枝盛などもいたということになるだろう。

Ⅳ　最後に、本は崩れていなかったということ

草森紳一を読んでいると、草森紳一のように脱線することが許されるような思いになる。話を戻したい。そうだ、『随筆　本が崩れる』を再読していたのだった。再読した私が発見したのは、つまり、本は崩れることなく、見事に積まれていたということであり、それは〈副島種臣論〉を書き続けるための試みでなかったか、という仮説である。

そして、さらに言っていいなら、〈李賀論〉から〈副島種臣論〉へ向かったところで、草森紳一は老年に向かう自らを生かそうとしていたのではないか、という新たな思いである。李賀が亡くなった年齢で〈李賀論〉を書き始め、李賀のように死ぬことがない草森紳一は、生き延びるために、新たな対象が必要だったのではないだろうか。

書き続ける意味が、草森紳一に必要だったのではないか。

例の赤神神社のことを、もう一度、思い起こしていただきたい。「伝九九九段」の石段を登

り終えた草森紳一は、五社堂に着き、サファリの上着を脱ぎ、その下のスポーツシャツや、濡れたランニングも脱ぎ、上半身裸のまま、誰もいない境内をひとめぐりする。

《陽がかげって、少し寒くなったので、私は裸の上へ、じかに手にもっていた半乾きのスポーツシャツをつけ(ズボンのポケットに押しこんだランニングは、濡れすぎている)、サファリコートも着こみながら、突然、わけもなく「本」だけは、困ったなと思った。「死蔵しているわけではない。このまま仕事をするかぎり、増えつづける。どうする気だ、お前」と自分に囁きかけながら、ベンチへ戻った。腰かけながら、「わからない」「どうにもならない」と呟く。急にまた疲れがでてきた。痛いような眠気が襲う。わけもなく、長いベンチの上にごろんとなった。石段で一休みしている時も、なんども眠りそうになったが、「ホーホケキョ」の鶯に励まされて、なんとかなったが、もうだめだと目をつむった。おそらくは一時間は眠った。多分、身じろぎひとつせず、死体のように眠りこけたであろう。》

ここでは、〝邯鄲の枕〟というか、〝一炊の夢〟というか、芥川龍之介の短編小説「黄粱夢《こうりょうむ》」、もしくは、三島由紀夫の戯曲『近代能楽集』の「邯鄲」などを思い起こすべきかもしれない。眠ったのは「一時間」ではなく、ほんの数分のようにさえみえる。草森紳一は、そもそも腕時計をしていない。これは、下山して、リュックの中にある副島種臣の漢詩文集『蒼海全集』六冊の無事を確認する手前のエピソードなのである。

草森紳一が恐れているのは、本が崩れることではなく、どこまで積まれることになるだろうか、ということの方にあるのではないだろうか。

草森紳一は、宇宙の果てまで積まれ続ける本のことを「困ったな」とは思うものの、「どうにもならない」とする。〝諦め〟と、とらえてしまうとマイナス評価になるが、考えても仕方ないことは考えまいとするなら、まさに〝邯鄲の枕〟における盧生の覚醒につながる。その意味で、『随筆　本が崩れる』は、静かな、決意の書でもあるかもしれぬ。

アントナン・アルトーは『ヴァン・ゴッホ』(ちくま学芸文庫・一九九七年八月)で言っている。曰く、「人は、無限のために生きることができるし、無限によってのみ満足することができる。この地上と諸天体には、無数の偉大な天才を満足させられるだけの無限がある。」(粟津則雄＝訳)と。実際に、宇宙の果てまで本が積まれ続けたように思う。

この文章の結末部で、こんなこと言っても仕方がないが、『随筆　本が崩れる』には、この「本が崩れる」の他、実は「素手もグローブ　―戦後の野球少年時代―」と「喫煙夜話『この世に思残《おもひ》すこと無からしめむ』」という二つ文章も収録されている。〈野球〉と〈喫煙〉は、草森紳一の読書の習慣とよく似た、危険な決意を孕んでおり、いかにも草森紳一的な、媚びない思いも示されているので、本当なら言及しなければならない。ただ今はもう、そこまで論評する力が残っていない。また別の機会に譲ることにしよう。

最後に、「本が崩れる」の結末部に触れて終わりにする。いつも宅配便を預かってくれていたマンション管理人が退職するというので、草森紳一は、「お別れに自著を一冊贈ること」にする。ところが、その「マアマア豪華本のうち」である『随筆「散歩で三歩」』が、本の山から、なかなか取り出せない。

玄関脇に、版元から送られてきた、梱包された『随筆「散歩で三歩」』がそのまま置かれてあり、その上にはさらに別の本が積まれてあったのだという。草森紳一は『随筆「散歩で三歩」』が必要なとき（つまり、誰かにあげるとき）、いつも、横から「梱包の紙を破って、引っぱりだし」ていた。今回も、その紙包みの中に手をつっこむと、いつのまにやら一冊だけしか残っていない。その一冊を抜き取ろうとするが、びくともしない。そこで、上積みの本を片付けるしかなくなり、作業を開始するものの、途中で大崩れし、ようやく、残りの一冊の『随筆「散歩で三歩」』にたどり着くものの、縦に置かれたままのその一冊は、「いわば片足一本」で、天井まで次々に積まれていた本の全重量を、「長い間にわたってけなげにも支えつづけていた」ことに、草森紳一は驚く。

このエピソードのポイントは、本が崩れたことにあるのではない。積まれた本は、ほぼ意図的に崩したのであり、「片足一本」で積まれた本を支えた『随筆「散歩で三歩」』の「けなげ」さの方に、草森紳一の目は向けられている。『随筆「散歩で三歩」』は箱入りの本だったはずだが、その、無残にも「ひんまがっていた」本を、管理人さんに贈るべきか、贈らざるべきかで、草森紳一は迷う。

言うまでもなかろうが、管理人さんには、本などではなく、もっと別の、しゃれたものか、実用的なものを贈るべきなのだ。そういうことを、草森紳一は思いつきもしない。いかにも、彼らしいエピソードではないだろうか。

［補注］　引用は、『随筆　本が崩れる』（文春新書・二〇〇五年十月）に拠っている。ちなみに、草森紳一は、一九八二年（昭和五十七年）十二月、「副島種臣論」執筆のために、初めて佐賀を訪れたようだ。また、一九九一年（平成三年）七月、雑誌「すばる」（集英社）七月号より「紉蘭　詩人副島種臣の生涯」の連載が始まる（一九九六年十二月まで65回）。二〇〇〇年（平成十二年）二月、雑誌「文學界」（文藝春秋）二月号より「薔薇香處　副島種臣の中国漫遊」の連載が始まる（二〇〇三年五月まで40回）。さらに、二〇〇七年（平成十九年）、京都清華大学表現機構から出ている「表現」創刊号と2号に「捕鼠　明治十一年の文人政治家副島種臣の行方」が掲載。

漢字という大陸――『文字の大陸　汚穢の都――明治人清国見聞録』を読む

一　書名のこと

草森紳一に『文字の大陸　汚穢の都――明治人清国見聞録』（大修館書店・二〇一〇年四月）という本がある。雑誌「月刊しにか」（二〇〇二年四月号から二〇〇四年三月号まで）に全二十二回にわたって連載されたものと、後に書き下ろされた未完の原稿をまとめ、草森紳一が亡くなった後、当時の編集者が「最低限の原稿整理」をしたものだという。草森紳一は、最終的には〝天津談判（一八八五年）の最後まで〟を扱う予定だったらしい。日清戦争のほぼ十年前ということであり、対象となるのも、その〝天津談判〟までの、ほんの一、二年のみだ。刊行された本では、「尾崎行雄、原敬、岡千仞《せんじん》、榎本武揚、伊藤博文」が扱われている。

言うまでもなく、草森紳一が、このように、何人かの、明治人の清国見聞録を書くモティーフの裏側には、副島種臣が日清戦争のほぼ二十年近く前、明治九年（一八七六年）から明治十一年（一八七八年）まで清国漫遊へ行ったことがあるだろう。

ただ、ここで、まず初めに指摘しておきたいのは、その書名のことである。雑誌「月刊しにか」に連載中は、「肘後《ちゅうご》集——明治人の清国見聞録」であった。『文字の大陸　汚穢の都　——明治人清国見聞録』（以下、『文字の大陸』と略称）の〈編集者ノート〉にもある通り、「肘後」は、李賀の詩「陳商に贈る」の一句「楚辞《そじ》肘後に繋《かか》る」に基づいている。『楚辞』を肌身離さず持っているという意味だから、まあ、「文字」というか、「漢字」を意識しながらの清国見聞ということになるのだろう。『楚辞』は、中国戦国時代の「楚」地方で謡われた韻文を集めたもので、北方の『詩経』に対し、南方を代表する古典文学である。編集者も苦しいところを、あれこれ考えたことがよく分かる。とは言え、単に『文字の大陸』でも良かったかもしれないと思ったりもする。

場合によっては『漢字の大陸』という書名もあり得たかもしれない。

最初の「尾崎行雄の巻」は、次のような引用から始められる。

《明治十七年六月。幕臣の栗本鋤雲《くりもとじょうん》の主宰する民権派の『郵便報知新聞』の論説委員（中略）

であった尾崎行雄は、同紙に

「我が漢学諸大家に望む所あり。諸君何ぞ支那朝鮮に向いて其《その》力を施《ほどこ》さざる」という、題からして演説口調の論文を発表した。この時、二十七歳。》

明治十七年は西暦一八八四年であり、〝天津談判〟の前年ということになる。〝天津談判〟については後で触れるとして、この明治十七年、十八年辺りが、草森紳一が扱おうとした時代であるということだ。

尾崎行雄について、『広辞苑』第五版をのぞくと、「政党政治家。号、咢堂《がくどう》。相州津久井（神奈川県）生れ。慶応義塾に学び、改進党創立に参加。第一議会以来二五回連続して衆議院に議席を占め、その間、第一次護憲運動に活躍。「憲政の神様」と称される。東京市長、大隈内閣の法相。太平洋戦争期、翼賛選挙を批判し告発される。（1858～1954）」とある。

尾崎行雄は九十七歳の長命で、昭和二十九年（一九五四年）に没している。朝鮮戦争の勃発した頃の講演会でも、「元来日本はすべての点で中国や朝鮮の真似である、……これを研究してもらいたい」と言っているのだそうだ。つまり、右の引用も、「東洋の先進国」となった日本は、これまでの「長恩に報ゆる」べく、日本の支那学士たち（漢学諸大家）は「進んで彼（二国の人々）を教ゆ」べきだという主張なのである。

尾崎行雄の優越感は、日本がいち早く西洋文明を取り入れたことにあるが、その優越感は必ずしも薄っぺらいものだとは言えない。当時の中国崇拝を苦々しく思うものの、彼は単なる西欧崇拝主義者ではなく、見るべきものは見ている。明治十七年、尾崎行雄は上海へ向かう。

《「然《しか》れども支那人文字に巧みなる、必ず之《これ》を付するに美名を以てするならんと想ひ、試《こころみ》に其名を問へば北香花橋と答ふ」

ドブに架《かか》った橋からの発想である。つまり慣れ（人間的自然）によって汚穢と共存している中国人の生命力に感心したりもせず、文字の王国である中国人の伝統に想いをいたし、ドブに架った橋にも、かならずや美名をあたえ、一種の防臭剤にしているのだろうと想像するのである。かくて「試に其名を問へば」、はたして「北香花橋」なる名が戻ってきた。》

尾崎行雄は、それを愛でるのでもなく、非難するのでもない。彼が西欧崇拝者でもなければ、ことさらに中国を批判するのでもない態度と同じなのだろう。ただ、その言葉そのものに、どう言ったらいいか、ニュートラルに反応しているのだと思う。その認識の根底には、中国や朝鮮が〝漢字文化圏〟ということがある。言葉を変えれば〝漢字という大陸〟を感じたのではないだろうか。

もっとも、草森紳一は、漢字・漢文に触れる一方で、当時の中国における悪臭に強く反応している。尾崎行雄は言う。西欧人の住む租界と違い、上海の街中は「大小の石を畳《たた》んで全く土を蔽《おほ》ふと雖《いへ》ども、汚物穢品《おぶつわいひん》、石路の上に散乱し、少しく注意を怠れば、忽《たちま》ち衣を汚すの恐れあり」と。悪臭を放ってやまぬ狭隘なる路地では、煙草でも吸わないことには耐えられないらしい。書名に「汚穢の都」の言葉が使われる理由である。とは言え、まあ、それは少し前まではヨーロッパでも同じような事態ではなかったろうか。

ここでは、その「汚穢」に触れず、漢字・漢文の方だけを扱いたい。

尾崎行雄は、漢学者の岡千仞（鹿門）が紹介の労をとってくれたのに、上海在住の文人・王《おう》韜《とう》（紫詮《しせん》）に会えない。その後、「雨を捲《ま》き、戸の隙（すき間）、皆鳴る」暴風の夜、客舎に閉じこもり、彼は太平天国の乱にかかわる王韜の詩を読んでいる。

《……尾崎（行雄――引用者）は、上海に在ってコウチャクした清仏戦争を見守る中にあって、新しい発見をしている。

中国の詩は、かならずしも誇張ばかりでない、と。太平天国の乱を諷した王韜の詩と清仏戦争の実状との照合によって、それを感じとる。つまりその表現がいかに大袈裟と見えても、まだまだ実態に及ばない事実も中国にある、と。

たとえば、かつて中国の山水画のイメージをそのままに信じていたが、中国人特有のオーバーな表現であると認識をあらためたものがいたとする。だが、中国の山岳に接し、やはり現実描写だったのか、その迫ってくる威容感からすれば、まだまだ描きたりないと思うのに、尾崎の発見は似ている。

「詩句の虚構ならざるを知る可し」

これが、嵐の夜の尾崎の感慨であり、がっかり続きの上海における収穫であった。》

草森紳一は、後に政党政治家となる尾崎行雄ではなく、まだ新聞記者でしかない彼が、当時の中国をどう見たのかということにこだわる。

山水画のことは、よく聞く話である。日本の自然とは大きく違うので、中国はそうであろうかと考えながらも、美的な虚構ではないかと日本人が疑っていたというのも想像に難くない。中国に渡った雪舟が山水画そのままの風景に驚いたということなどと、ここでの尾崎行雄の感概は近いものがあるのではないだろうか。

考えてみれば、〈漢字〉は絵文字である。ニュアンスの違いはあれ、概念そのものは伝わる。もちろん、言語は音声でもあるが、〈漢字〉は基本的に絵文字であるので、北京語でも、広東語でも〈漢字〉の意味は分かる。日本人でさえ、発音は出来なくとも筆談が出来る。

中国語の動詞は活用がない。時制もない。一般的な文字という言い方は適切ではないが、表音文字の方は、表記するだけなので、元の言語は変質しない。概念はいくらでも上書き出来る。その意味で、〈漢字〉は変化しない。概念の数だけ漢字があるわけだから、膨大な字数になり、その結果、〈漢字〉を使いこなす人は、ほんの一握りの人々ということになる。それはマイナス面であるが、絵文字として理解しやすいことと、情報として伝える、全体の文字数が少なくて済む点でプラス面もあり、広大な地を支配する言語として、そのマイナス面も逆に有用でさえある。漢字が官僚制度を支えるものとなっていった理由も、そこにあるのではないだろうか。

少し寄り道をしておきたい。時に草森紳一も、その名をあげることがあった安藤昌益（江戸中期・出羽の人）は、その大著『稿本　自然真営道』の冒頭部「私制字書巻」で、〈漢字〉批判、もしくは〈文字〉批判を行っている。安藤昌益はそこから始めて、その〈文字〉を用いて教説をなすところの、すべての学問や思想に攻撃を開始するわけだ。〈文字〉は、聖人の制作にかかる〈盗み〉の道具というのが基本的な主張であり、その根底には「直耕」という概念があり、古代の聖人君子、もしくは同時代の支配層を批判するのに「不耕貪食《ふこうどんしょく》」と言ったりする。

既存の、すべての学問や思想は、すべて〈文字〉、特に〈漢字〉で書かれていて、無教養な人々に権威を示し、支配の道具になっている。しかし、それを批判し、自らの考えを述べるためには〈文字〉を使わざるを得ない。そのため、「私制字書巻」は、権力が「私に《ひそか》」「制へ《こしら》」た〈文字〉について、当時の辞書であった『字彙』に対する批判、それも〈漢字〉について批判的な検討を加えるわけである。もっとも、実際に読んでみると〈漢字〉制限論のようにもみえないでもない。批判のための文字も必要だからであろう。

考えてみれば、「私制字書巻」は『稿本　自然真営道』の中でも、最も恣意的で稚拙な著作というべきかもしれない。社団法人農山漁村文化協会から刊行されている『安藤昌益全集』第2巻（一九八四年六月）に、書き下し・現代語訳・注解付の「私制字書巻」が収録されている。その冒頭の「學」についての説明だけでも見ておきたい。

安藤昌益は、「學」という文字について、「勉強している子供の様子を象ったもの」としている。子供が礼服を着て、左手を床につき、右手に筆を持ち、本に向かって勉強している姿だというのだ。

これは、いわゆる「会意」であり、白川静『常用字解』（平凡社）でも、昌益が言う「礼服」は「学舎」だとするだけで、ほぼ昌益と同じ説明である。同様に、藤堂明保等の『漢字源』（学習研究社）では、右手と左手ではなく、先生と弟子が屋根のあるところで交わるということで、伝授の行われる場を示すとしている。細かいことはさておき、そこに子供がいることで、安藤昌益は、「子供のふるまい」に過ぎぬという。

《故ニ学問ト言ヘルコトハ童子ノ所業ニシテ、長者ノ為《す》ル所ニ非ズ。故ニ百歳ヲ経《ふ》ルト雖《いえど》モ、学問スル者ハ即チ童子ニシテ、惑狂ノ最中ナリ。故ニ聖・釈ト雖モ、学ブ所ヲ立ツル者ハ白髪ノ童子ナリ。》

安藤昌益は、このように古代中国の聖人や仏教の釈迦を批判して、〝ほぼ漢和辞典〟のような「私制字書巻」をまとめている。たぶん、そのことじたいは、当時の学問的な水準から言っても、恣意的で稚拙なものだろう。とは言え、全てを〈文字〉論、もしくは〈漢字〉論から始めるしかないと考えたところに、既存の学問や思想を根底からひっくり返そうという意図があったことは、間違いなく驚きである。安永壽延は『日本のユートピア思想』（法政大学出版局・一九七一年十一月）で次のように言っている。

《日本の思想史におけるほとんど唯一のユートピアンである安藤昌益は、故意にみずからを抹殺した思想家であった。したがって彼は、単なる「忘れられた思想家」でもなければ「知られざる思想家」でもなかった。彼は、その反逆の思想をいわゆる「奴隷の言葉」で語ることを拒否した。そのために、杉浦明平も指摘しているように（杉浦明平「ユートピア小説と動物譚」『文学』一九六五年十二月）、一種独特の、暗号めいた特異な文体で思想をつづることによって、みずからの思想に封印せざるをえなかったのである。》

繰り返して言うまでもなく、当時の学問の水準から言えば、安藤昌益は二流以下の存在であろう。当時の学問や思想のすべてを根底から批判しようというのだから、既存の学問や思想から受け入れられるはずもない。そもそも、一流の学問などというものを否定しているわけだ。と同時に、安藤昌益の考えの偏りや陳腐さを指摘することは、さほど難しいことではないとも思う。『日本の名著19　安藤昌益』(中央公論社・一九七一年十一月) の責任編集・訳を担当した野口武彦は同書の解説で「当時の読書人の眼にはおそらく雑学一般として以上に識別されることはなかったであろう」と述べつつも、次のように論評している。

《思想とは、そのなかの一つの主張なり命題なりを残余の部分から任意に切り離して理解してはならぬところのものである。ましてやその思考方法から分離して存在することのできないものである。》

明らかに『稿本　自然真営道』の全体の構成は、一種の〝医学書〟と言うべきであろう。その大部分が焼失していることは残念であるが、狩野亨吉が明治四十一年一月にその発見を紹介するまで、百五十年以上そのすべてが秘蔵されていたことに驚くべきかもしれない。間違いなく〝危険思想〟が生き延びるために、むしろ、安藤昌益の考えの〝偏りや陳腐さ〟はそれを隠したのである。

《昌益の事蹟をめぐる(中略)一つの伝説に、この人物が長崎に旅行し、さらには中国にまで渡ったというのがある。中国渡航説の根拠になっているのは、『統道真伝』巻五の「万国巻」に「密以通親唐人行於漢土問仏法」という文章があって、もしもこれをふつうの漢文式訓読法で読むならば、「密カニ通（通辞のこと）ヲ以テ唐人ニ親シミ、漢土ニ行キテ仏法ヲ問フ」という意味になることである。しかしこれは、奈良本辰也氏が言うように昌益のまったく漢文の常套を無視した文章から生ずる誤解であって、「漢土ニ行ハルル仏法ヲ問フニ」と読まなくては意味をなさない。またわたしは昌益が長崎の土地を踏んだことも疑わしいとする奈良本氏の意見に賛成である。》

　この引用から読み取れるのは、安藤昌益の学問上の知識が正統的なものではないということであろう。正統的な学問の水準から見れば、安藤昌益の考えの〝偏りや陳腐さ〟は笑うべきことにしかならない。さらに、ただの伝聞さえ、意味ありげに語る危うさは否定しようもない。どう見ても、医師であったことで最低限の学問を身につけ、本人が「漢文であると信じた文章」（野口武彦）によって書き記した著作に過ぎない。

　ところが、その同じ〝偏りや陳腐さ〟というマイナス面こそが、そのままで、正統的な学問、もしくは支配層の思想を批判したともとらえ直せるのではないか。安藤昌益は「私制字書巻」

において、単に〈漢字〉の本義の解明に向かったのではなく、〈漢字〉もしくは権力が発生する以前までを見通している。大袈裟に言えば、自然と社会構造までを対象と出来るような異端の思想を手にしたと言うべきかもしれない。

野口武彦も、安藤昌益の、独自の用語「直耕」に触れて言う。

《「直耕」は、朱子学のあの上下定分の思想とはまったく対蹠的なしかたで、天道と人道とを結合し、媒介し、自然史的過程としての人間社会のモラルの根幹となる昌益独特の概念である。「直耕」は宇宙・人・物が共有するところの存在の様式である。そしてこのような自然の気行の自己貫徹をさまたげるいっさいの反自然的行為は、制法と呼ばれることになる。

おそらく昌益にとっての生涯の関心事は、それをもってのみ虚偽のイデオロギーに隠蔽されつづけてきた世界の実相を明らかにできると彼の信じた自然の気行の原理をもって、世界事物現象のすべてを説明しつくすことにあった。》

その壮大な野望と、記述された考えである〝偏りや陳腐さ〟との落差を指摘し始めればきりがないだろう。ただ、それについては、既に野口武彦も言う通り、その独創性とマイナス面を

「任意に切り離して理解してはならぬ」と強く思うばかりである。

安藤昌益は正統的な学問の場に立たなかったゆえに、その独創的な思想を展開出来たとも言える。また、〝ほぼ漢和辞典〟のような「私制字書巻」における安藤昌益の試みは、〈漢字〉に対して意識的にふるまえる、音声文字であるカタカナ（片仮名）やひらがな（平仮名）の役割も強調しておかなければならないのではないだろうか。

これも、野口武彦が指摘している。

《昌益の原文を読んでみたことのある人間は、だれしも彼の文章に執拗なくりかえしの多いことに多少とも閉口させられた経験を持つだろう。昌益の文章は本質的に舌耕家のそれ、もっぱら話し言葉によって自分の思想を伝達しようとする話術家の文章なのである。》

安藤昌益には、少数ながらも、彼の思想に耳を傾けた門弟もしくは支持者グループがいたことはよく知られているし、それは知的な人々だけではなく、地元の農民にまで及んでいたとも考えられる。彼は医師でもあったわけだから、ごく普通の人々と日常的な会話を交わしたことだろう。具体的な現実の中で生き、医書だけでなく、様々な書物も手にしたことだろう。そこで、〈漢字〉を現実の側からとらえ直すということが始まったのかもしれない。

表音文字は表記するだけなので、元の言語は変化しない。だから、概念はいくらでも上書き出来る。逆に、概念の数だけある表意文字の〈漢字〉は、いつでもその本義ばかりがもんだいとなる。つまり、安藤昌益は、その〈漢字〉そのものを新しい概念によって〝上書き〟しようとしたのではないだろうか。

それが、他人から見れば「一種独特の、暗号めいた特異な」表記となった。昌益的解釈の〈漢字〉による〈漢字〉の〝上書き〟と考えてみると、分からないでもない。それは、〈漢字〉を自分たちの文字として取り返す試みであり、その背景には〝話し言葉〟があり、現実的な生活があったとも言えるし、なお、〈漢字〉の不思議な可能性も感じる。

明治以降、西欧的な新しい概念を〈漢字〉で表した工夫や、口語体の成立、第二次世界大戦の敗戦後の〈漢字〉制限などの動きなどを、仮に安藤昌益が知ることがあれば、どのような感想をもらすことだろうか。

安藤昌益の没後二三〇年の前年、一九九一年に開催された〈昌益国際フェスティバル・八戸〉における〈パネルディスカッション〉の記録が、一九九三年の雑誌『現代農業』（農山漁村文化協会）四月増刊号に収録されている。

たとえば井上ひさしは、「こじつけと悪文のパワフルな想像力」というような視点から、いかにも井上ひさし的に「私制字書巻」を紹介している。それも面白いが、ここでは、アラン・ウォルフ（早稲田大学教授）という学者の「ポスト構造主義と共通する言語の揺さぶり」を見ておきたい。

《……昌益の革命的な漢字の使い方の一つの例をあげると、ナジタ先生（テツオ・ナジタ＝シカゴ大学教授――引用者）がすでにおっしゃったように、昌益の書く「天地」は、「てん」は回転の「転」で、「ち」は「定まる」の「定」を書きます。今までわれわれが持っていた「天地」という型にはまったイメージ、つまり普遍的で互いに融合し合わない、ということに対して、昌益の文では、天と地は非常に変化しやすいものとして初めて理解させられます。

それと似たように、脱構築を考え出して有名になったフランスの哲学者ジャック・デリダは、ギリシャ語の「ファルマコン」という言葉の二重の働きを紹介しています。それによると、「ファルマコン」というのは、薬と同時に毒、つまりまったく反対と思われる二つの意味を持っていることを主張しています。》

安藤昌益は、「転地」ばかりでなく、「天道」も「転道」と造語し、「天子」も「転子」として、あらゆる存在は運動であると考えたわけである。

いやいや、これ以上、安藤昌益に関わると戻れなくなりそうなので、尾崎行雄に話を戻しておこう。

尾崎行雄が単なる西欧崇拝主義者ではなく、同じ〝漢字文化圏〟の中で生きる者として、当時の中国に〝漢字という大陸〟を意識したとすれば、それは、遠いどこかで安藤昌益が〈漢字〉に身を捩ったことと、かすかに、つながるように思えたのである。

II　原敬が天津で李鴻章に会う

草森紳一『文字の大陸　汚穢の都——明治人清国見聞録』を、『文字の大陸』というように略称で呼ばせていただいているが、その「原敬の巻」では、明治十六年（一八八三年）十二月五日、天津領事として任地に向かったことが中心である。その時、原敬は二十八歳で、伴っていた妻は、まだ十五歳であった。後に平民宰相となる原敬の出世の始まりでもある。『広辞苑』

第五版では、「政党政治家。盛岡藩士の子。外務次官・朝鮮公使を歴任。退官後、大阪毎日新聞社長。政友会創立に参加、逓相・内相を経て第三代総裁。党勢を伸ばし、一九一八年（大正七）最初の安定的な政党内閣を組織、平民宰相と呼ばれる。東京駅南口で刺殺。著「原敬日記」。(1856～1921)」と評される。

そういう華々しいことは、この「原敬の巻」では扱われない。ここに原敬が登場する意味は、ただ彼が李鴻章に会っているからだけなのだ。李鴻章が〝天津談判〟における伊藤博文の相手であることと、外交が言葉によって行われることこそが『文字の大陸』の最大の主題（テーマ）であり、そこで〈漢字〉に身を捩るということが題材（モティーフ）なのであろう。

さて、原敬は藩士の子なので「士族」であるはずだが、分家独立した際に「平民」となった。後に「平民宰相」と呼ばれ、本人もそれを自らのレッテルとしたのは、〝処世術〟であり、〝政治宣伝〟的にも有効だったと草森紳一が言っている。〝大正デモクラシー〟の大衆の時代には、間違いなくそうであったろう。

もっとも、それは結果論であり、賊軍とされた藩士の子が、明治の世を生きるためには「平民」の方が生きやすいという〝処世術〟があり、外務次官や天津領事という役職なども、明治政府の中では決して要職ではなかった。今でこそ外務省は政府の中心的な役割を果たしているものの、当時のそれは傍流の役人の仕事であったようだ。〝薩長土肥〟の「藩閥人」が敬遠したため、席が空いていたというだけのことになる。それは原敬だけでなく、榎本武揚などが活躍の場を得ることにもつながった。

豊田穣の『明治・大正の宰相』第七巻〈原敬の暗殺と大衆運動勃興〉（講談社・一九八四年二月）によれば、原敬は井上馨の〝引き〟で外務省に入ったようだ。それは「必ずしも井上が原を必要としたのではなく、原に捨て扶持をくれたものらしい」。外務省に東北人が多いのは、「外務省ぐらいしか」入れなかったからというわけだ。それでも新聞記者だった原敬は、国会議員になって〝自由民権〟のために戦うはずであったのに、思いがけず〝藩閥政府の官僚〟となり、それが十五年も続くことになる。その後、政治家となり、やがて宰相になるわけだが、実はそれまでの歴代首相のうち、西園寺公望を除いては、原敬の家柄が一番高いのに〝平民宰相〟とか、〝平民内閣〟とか呼ばれる。

話を明治十六年（一八八三年）に戻す。原敬は十二月五日に東京を出発し、上海到着が十二月十二日。一週間の上海見物の後、船便で芝罘《チーフ》まで行き、十二月二十五日着、かくて十二月三十日より芝罘から「十六日間を費し」た陸行にて、翌十七年一月十四日に赴任地・天津へたどり着く。

《「黄昏《たそがれ》、天津城に入り、城内を通過して紫竹林《しちくりん》、即ち外国人居留地に入り、遂に我（が）領事館に着せり」

この紀行文の原作になった日記には、「郊外ニ兵営アリ。操練中ナリシ。蓋《けだし》李氏之《の》親兵ナラン」とある。「李氏」とは、天津在住の直隷《ちょくれい》総督李鴻章《りこうしょう》のことである。》

草森紳一は、さりげなく登場させているが、この李鴻章こそが、この『文字の大陸』において、伊藤博文と共に、もっとも中心的な役割を果たすのである。

原敬は上京した時に、カトリック神学校や中江兆民の塾でフランス語も学び、それを生かし司法省の法学校（後に、東京大学に吸収）に入るものの、当然のことながら、漢文も身につけている。法学校は退学することになるが、新聞記者になるため、韓愈の『文章規範』をほとんど暗記したらしい。新聞記者としての最初の仕事は、横浜で発行されていたフランスの新聞を翻訳することだった。そこで記事を書くため、漢文が必要だったということだ。

原敬が天津領事に抜擢されたのには、様々な理由があっただろうが、清仏戦争にからみ、日本が清国とフランスの両方に対処しなければならない時期でもあり、そこで彼の語学力が必要とされたことは間違いないだろう。

《天津には、各国の領事館がおかれている。なによりも清国海軍を牛耳る北洋大臣であり、直《ちょく》隷《れい》省総督の李鴻章が天津にいる。鎌倉の源頼朝における京都の如く、宮都のある北京を天津の地から遠隔操作し、諸外国の外交官を煙りにまいていたのである。原の役目は、天津在住のフランス領事などにひんぱんに逢って情報を手にいれることの他に、この李鴻章の動きを見守ることにある。》

この時期に清朝を訪れた日本の知識人は、尾崎行雄や原敬、その他も中国の不潔さと漢学の衰退を見て、それまで持っていた〝畏敬の念〟から自由になっている。それは〝蔑視〟へとつながる面もあるが、同じ〝漢字文化圏〟にいることの重みも一方にあったことだろう。

原敬は『懐旧談』という書物で、次のように語ったのだという。以下、草森紳一『文字の大陸』からの孫引きである。

《吾輩の観察では、李鴻章は或る人々が褒《ほ》むるほどエライとも思はれないが、さりとて或る人々が誹《そし》るほどエラクないとも思はれぬ。少くとも東洋における大人物には相違あるまい。殊《こと》にたび〳〵外交の難局に当たりたる人でもあれば、国際上の関係をアノ人くらゐ知つてをるものは恐らく清国にあるまいかと信じる。》

これは、後年の感想であり、天津に赴任したばかりの原敬は、新年の挨拶をした程度であったようだ。『懐旧談』からの引用を、さらに孫引きする。

《李鴻章は権謀術数ばかりで凝《かたま》つてる横着《おうちゃく》ものゝやうにいふ人もあるが、吾輩は公務上でも私交上でも一週に何回といふほど面会したが、ソンナ人物とは思はない。》

草森紳一は、「ぬらりひょん」は中国のお家芸であり、李鴻章の得意芸であると評している。そのため、原敬は李鴻章を「無邪気なところのある人」と考えたのではないか、とする。草森紳一は言う。「原敬の観察は、甘いともいえるが、そうでもないだろう。時に『無邪気』をさらすのも政略のうちと李鴻章が考えているのを原敬が看破していなかったわけでない。彼の権謀術数は、人がいうほどに狡猾《こうかつ》なものでなく、幅の広さと深さがあり、わがうちの狼狽を人に示しても平気な『無邪気』さがあると見ているのである。いい加減さの中の深慮とも逆にいえるから、油断ならない。」と。

原敬が「天津の風土」について、次のように語っているという。

《「塵埃《じんあい》の立つことが夥《おびただ》しい、庭前の樹木がそのためにハッキリ見えなくなり、日光も朦朧となる。紅塵万丈《こうじんばんじょう》などといふことは、この地方では決して詩人や文人の法螺《ほら》ではない」と喝破しており、中国人の表現を大袈裟と見て、他愛なく蔑視する尾崎行雄や小室信介の詩心とは雲泥の開きがある。》

つまり、原敬は「天津の風土」を熟視する如く、その中で生きる中国人を〝畏敬の念〟によって仰ぎ見るでもなく、〝蔑視〟するでもなく、そのままに等しく見たところが「エライ」と、草森紳一は言うのである。

李鴻章について、『広辞苑』第五版から引用しておこう。

《清末の政治家。字は少荃、号は儀叟。安徽合肥の人。曾国藩に従って太平天国の乱を平定。以来、日清戦争（下関条約）・義和団事件（北京議定書）などの外交に貢献するとともに軍隊の近代化、近代工業の育成、招商局の設立などにつとめた。直隷総督・北洋大臣・内閣大学士などを歴任。（1823～1901）》

まあ、こういう通り一遍の説明では、何も分からない。

Ⅲ　官吏が文字を独占している

新聞記者、天津領事の次は、漢学者・岡千仞《せんじん》（1833～1914）の登場である。『広辞苑』第五版には「岡鹿門《ろくもん》」で記載されているので、「鹿門」という号の方が一般的なのだろうか。旧仙台藩士で、勤王の志士でもあった岡千仞は、明治十七年（一八八四年）五月二十九日に新橋駅を出発し、三十日、横浜港から乗船する。尊王攘夷の漢学者は、老境を迎えようとする時、どういうわけか「中国」を見ようと思い立ったわけだ。草森紳一は、岡千仞が食堂の豪華さや客室の清潔さに驚くようすに目を向ける。もちろん、これは尾崎行雄や原敬が感じた、当時の中国の〝汚穢の体験〟との対比なのだろうが、私は、この側面には触れない。

まずは、岡千仞がどうして清国へ行ったのかについて述べなければならないのだろうが、彼が上海で会った文人たちの中に袁翔甫《えんしょうほ》の名があるので、個人的に心惹かれた。岡千仞は漢学者であり、筆談の効果もあり、多くの名士との交流を試みたようだが、草森紳一も、その中で知っているのは袁翔甫ぐらいだと言う。

《千仞も列挙された名のうち、清代きっての大文人袁枚《えんばい》の孫で太平天国の乱によって上海に流寓している袁翔甫の名には、聞きおぼえがあっただろう。》

正直な話、袁翔甫のことはよく知らない。私が心惹かれているのは、その祖父の袁枚の方である。アーサー・ウェイリー『袁枚　十八世紀中国の詩人』（東洋文庫・一九九九年三月）を愛読しているからだ。

アーサー・ウェイリーは『源氏物語』訳で有名だが、李白や白楽天についても、それぞれ一冊の本を書いている。宮本昭三郎『源氏物語に魅せられた男―アーサー・ウェイリー伝―』（新潮選書・一九九三年三月）によれば、そもそも、一九一〇年にロンドンで出版された『中国詩二十首』という、五十ページばかりの詩集との出会いが最初だったらしい。ウェイリー自身も古典的な中国詩を訳し、その後、日本の詩歌や謡曲にも触れ、『源氏物語』へとたどり着くわけである。彼は、日本語の古文は「文法も易しく語彙も少ないので、数ケ月もあれば習得できる」と書いているが、まあ、語学の天才だったのであろう。

まずは、『広辞苑』第五版で、袁枚についての説明をのぞいておく。「清の詩人。号は簡斎・随園。浙江の人。その詩は清新。情のはたらきを重んずる性霊説を主唱。また、古文・駢儷《べんれい》をよくした。趙翼・蔣士銓とともに乾隆の三大家。著「小倉山房集」「随園詩話」「随園随筆」「随園食単」など。(1716〜1797)」とあり、特に、「性霊説」と「袁枚」が私の頭の中でも結びついているのは、中村眞一郎が書いた江戸時代の漢詩・漢文についての著作のおかげである。ただ、こういう辞書的な説明から見えないことも多い。

東洋文庫版『袁枚　十八世紀中国の詩人』の訳は、加島祥造と古田島洋介によるが、その加島祥造が同書の解説も書いている。そこから、少し引用しておきたい。

《乾隆帝のころの清朝は、日本の江戸時代をはるかに上回る峻厳さが目立つ。その官僚政治の構造も言語政策も道徳意識も並々ならぬものであった。そういう政治体制のなかで袁枚は三十八歳で官を辞して、一個の詩人または自由人として、さらには人生最大の享受者として生き、八十を越える老齢まで変わらなかった。ウェイリーはこの袁枚の生き方と知性とを愛した。ウェイリーはこういう袁枚を浮かび上がらせる方向で語ろうとしている。》

気になるところは、清朝の「官僚政治の構造」と「言語政策」から袁枚がスルリと抜け出ているところだ。そこに「道徳意識」を並べなかったのは、それが「官僚政治の構造」と「言語政策」の裏側にあると思うからである。

いずれにしても、岡千仞が見たであろう清朝末期の姿と真逆なものが、袁枚の生き方にあるように思う。

忘れもしないが、少年のころの私は

そうだ、十二、三のころの私は、じつに

本好きだった。本屋に入ると

両足に根が生えたように立ちつくし

手当たり次第にむさぼり読んだ。だが

あのころは貧しくて買えなかったから
せめて買った気持で家に帰ったものだ。
それほど書物に不自由していたのに
いま手もとにある書抜きやノートの半分以上は
あのころに作ったものだ。
官途について、金が使えるようになると
手当り次第に買って、書物は家に満ちあふれた。
いまやこの年になっても、まだ夜は
読書に耽る。蠟燭が燃えつきるまでやめぬ。
ところでわが息子ふたりは
私のあのころの年になったのだが
本を見てもまるで無感動だ。どうも
読書への愛は教えて成るものでなく、
前世の因縁ではないかと思う。
将軍の息子が将軍になるものではなく、

大作家の仕事は息子が継ぐわけでもない。
そうは言っても、
袁という名をもつ若者が、本を前にするや
きっと大きな溜息をつくのは
見ていて悲しい光景である！（『詩集』巻三二）

一七八七年の夏に書かれた「対書嘆」という詩である。袁枚が七十一歳時の作品となろうか。同時期の詩「書所見」でも、「各人の性情のまま／好きなようにしたらいい」と詠ずる。「たとえば、美しい花を前にして酒をくむこと／また書物についてあれこれと是非を語り／まるで現実離れした妖怪談や幽霊話にふけること」などの「道楽」に、「七十の歳の者だって夢中になれる」として、はばからない。「美しい花」が女性であることは言うまでもなかろう。

岡千仞の方に話を戻そう。岡千仞は〝上海の名士〟の一人として袁翔甫に興味を示し、「筆談」であるが、次のような会話を交わしたのだという。

《岡「小倉山房を問う（小倉山房は、有名な、隠遁した袁枚の住居にある書斎名である。今もあるか、ときいた)」
袁「已《すで》に火(太平天国の乱で消失)」
岡「随園三十種を問う(随園は、袁枚が小倉山房に築いた庭である。早くから袁枚の「随園」の名を附した膨大な著作シリーズは、江戸の日本に入っていた)」
袁「大阪は已に亡《ほろ》ぶ」
簡潔な問答である。前提になる知識を共有しているので、このような筆談は成立する。千仞が帰国してから、このようにまとめたというより、筆談のメモがそっくり残っていたと思われる。
「随園、一代の泰斗。名は海外に藉《ひろま》るも、未だ三世ならずして、子孫飄零《ひょうれい》。遺著散逸す。此れ、嘆かる可しと為す」》

これは上海で、清末の改革派思想家であり、ジャーナリストである紫詮の家に招かれた時のことである。紫詮(1828〜1897)は、王韜《おうとう》の号の一つであり、一八八二年に上海に戻ったばかりで、李鴻章との関係もある。言うまでもなく、李鴻章とともに草森紳一が思い浮かべるのは副島種臣のことであろう。

岡千仞は上海で、アメリカの軍艦やフランスの軍艦などを見学している。彼の教え子（海軍の将校か）が案内してくれたようで、外国語もペラペラであり、自身の「筆談」のみのコミュニケーションにも限界を感じたようである。それは、中国の向こう側に岡千仞が世界を見ていることでもあろう。

また、「筆談」が可能なのは中国でも知識人だけであることに、改めて岡千仞は驚いたようだ。天津の、原領事との宴席で、花岡という人物が地方を旅した際の、その土地の男との話を書き留めている。

《（土地の男に――引用者）人名地名を彼に問うても漢字をまったく知らないので、筆談が成立しない。花岡が書く文字を見て、「先生は官吏か」と問う。文字を知っているものは、官吏であるということが、これで逆算できる。この漢字王国の中国は、官吏が文字を独占している。日本がどんな国であるかも知らず、地図で示しても、まったくわからない。なおも逆算すれば、文字を知らずとも、人間は生きられるということでもある。「身材偉大」「鬚髯蚪張《しゅぜんきゅうちょう》」、原野を馳駆して猛獣を格殺し、肉を噉《くら》い、皮の上に寝る。胆気は雄にして、筋骨は強、いわゆる中国人（漢民族）とは大いに違っている。花岡は、文字を解さないことで「愚魯《ぐろ》」と言っているが、

批判的には、伝統的な愚民政策であるが、この力たるや見くびるわけにはいくまい。》

この体験談は、正確な引用ではない。そもそも私は、岡千仞自身の著作『観光紀游』を読んでいない。ただ、草森紳一『文字の大陸』の、右の引用を見ているだけである。

まず、土地の男の話を「花岡」なる人物が聞き、その話を岡千仞が書き留め、さらに岡千仞の文章を読んだ草森紳一が右のように書いているわけである。草森紳一の主観が全体を覆っていることを意識しておくべきだろう。

特に、文中の「花岡」が「愚魯」という感想に対して「見くびるわけにはいくまい」というのは、間違いなく草森紳一の思いに違いない。草森紳一『文字の大陸』では、右の引用に続けて、一応、次のように岡千仞と原敬の反応について客観を装い考察している。

《岡千仞は、この話にどう感じいったのであろうか。文字を知らないことの強さ、漢民族の大部分も、また文字を知らないことは彼も体験ずみだが、この事実は、中国の弱さだといえるのかどうか。岡千仞は、六経に毒され、虚文を専らとする中国の士人にどしがたい衰弱を見たが、中国は文字を知らないものが過半を占めることにも衰弱を見たのであろうか。一面、そうだと言えるにしろ、書き留めているからには、中国の深淵を感じなかったとは、いいきれない。

一夜の宴を宰している原敬が、この話にどう反応したかも知りたいところだが、千仞はなにも語っていない。弱小の日本は、みな文字の読み書きができることによって、強国になりうるが、中国はどうなのか。》

この草森紳一『文字の大陸』の正しい題名は、『文字の大陸　汚穢の都――明治人清国見聞録』であるが、その「見聞録」という言葉の、微妙な差異、陰影、濃淡を上手く受け取っておくべきであろう。その、いささか皮肉なニュアンスは政治的な意図がほの見えないではない。「花岡」の体験談に出てくる「日本がどんな国であるかも知らず、地図で示しても、まったくわからない」ということは、例の魏志倭人伝などの記述の信憑性のなさまで想像させる。中国には、日本が見えていない。岡千仞は漢学者であるが、幕末は尊王攘夷運動に奔走し、明治維新を経ているので、中国の士人や文人たちへ絶望感を洩らしている。

細かなことは『文字の大陸』にゆずるが、ある地方の名族に大歓迎を受けた岡千仞は、その一族の、王硯雲《けんうん》という、「挙人」の出身で学がある人物と気が合ってか、「筆談、晡《ひぐれ》に至る」まで続く。

《「李中堂（鴻章）は招商、機器の二局を開いた。その経費たるや、実に百万、国の財力を蝕《むしば》み、ために国力は消耗したが、その結果はといえば、成功した点は、皆無に等しく、大いに民心を失った」

硯雲は、李鴻章の洋務政策の失敗が、「烟毒」を招いたと言いたいらしい。そこで千仞は答えた。

「洋人はいろいろな機械を発明、蒸気船や蒸気機関車を（海陸に）走らせ、紡織の産業を興し、もともと農桑国であるその基本を、しっかとするため、凡そ百の工業が立ち上がるように尽力を注いだ。それによって、日ならずして国力は富饒《ふじょう》となり強盛に赴き、宇内に雄視されるに至ったのだ。だから、今、中堂が二局を開き、ここに力を用いるのは、まさに洋人の長所を収め、わが国となさんというこころみである。これぞ真に国の本に尽力するべきものというべきではないか」

これをきくや、王硯雲は憤然として言った。

「機器なるものをよしとするのが、どうして聖人（孔子というより孔子の尊ぶ古代の帝王堯《ぎょう》舜《しゅん》まで、この聖人の意はふくむか）の言っていることだといえるのか。とうてい、そうだといえますまい。李の一派は、国人（彼に同意する官僚）を率いて、（西洋人の）機巧のしわざに

ひたすら赴くだけだ」》

そこで、岡千仞は、周公の「指南車」や諸葛孔明の「木牛流馬」などの例をあげて、「一つとして機械でないものはない」反論を始める。草森紳一は、その岡千仞の言葉に注するように、「のちに中国人が西洋の機械文明よりわが中華のほうが先んじていた。彼等は俺たちの真似をしていると誇るに至る際の常套句になる。」と述べる。また、「聖人うんぬんの理屈」に対して、それは「幕末に一儒者として、さんざん悩んだところのもの」であろう、と岡千仞を思いやる。

岡千仞は、「堯舜は、人のために善をなす」と考える。「中土の聖人」たちがつくりあげた機械が人々のためになっている。そういう機械の大成者が西欧人であり、西欧人を排斥するあまりに、その機械まで排斥する必要はないのではないか、とつめよる。

ところが、硯雲は動じない。

《「イギリスやフランスは、豺狼《さいろう》同然ですよ（善のひとかけらもない）。人の理を以て語るような相手ではない」

千仞は、こういい返す。

「中国こそ豺狼の心を以て彼等に対するので、彼等もまた豺狼の心でもって中国に報復しているのではないか。中国人こそ堯舜の心を以て彼等に対するなら、どうして彼等も誠意を以て中国の理に接しないことがあろうか」

ついには林則徐（文忠）の失敗（阿片戦争）にまで及ぶ。彼は愚民が阿片の喫煙を止めるように説得することができずに、卒然として兵戈《へいか》を以て英国人に逼《せま》って烟膏《えんこう》を略奪し、一時の憤を晴らそうとした。堯舜は「内に教文を修め、外に武衛を奮う」と言ったが、これは名義なき挙動でしかない。

「論じて数十紙を累《かさ》ね、言、頗《すこぶ》る切至」

つまり、この二人の論争は、当然、「筆談」を以て為されたということである。王硯雲が、それなりの文人なので、可能であったわけだ。》

結局のところ、硯雲は岡千仞の意見には服することはない。千仞から見れば、「頑然として迷妄に執《と》われて」いるとしか思われない。そして、それは硯雲だけに止まらない。

草森紳一によれば、岡千仞は、中国へ旅し、とりわけ王一族のところに滞在しているうちに「中国の病源」がなんであるかほぼ理解できたと言っているそうだ。草森紳一の言葉を使えば、

「独立王国にも似た地方宗族社会のからくり」であり、「頽廃の深いトンネルの仕組」ということになろう。もちろん「科挙」制度のことである。科挙という無用の学のため、精神が消耗しているということだ。

草森紳一は言っている。

《千仞の述べるが如く国難にあたっても、なお士人が六経を墨守するさまをみて、著者の私（草森紳一――引用者）は思うことがある。中国の漢字文化は、文字が読めない人々を擁する暗愚政策の伝統的な弊（いや功というべきか）のもとに成り立っている。少数の士人にのみ「漢字」を独占させたことだが、これとて、国の政経を背負う知識階級への目くらましの暗愚政策だったのではないか。ほとんどの士人は、明哲保身するか収賄に狂奔し、「六経」を建て前として利用するだけだ。六経を真底から信奉して呪縛された少数者とて、権威主義的プライドをもって傲然としているが無能である。その中のわずかな良心的士人は、危険分子だが、歴代王朝の知恵により、「隠遁」的志向（ほとんど口にするだけ）と「不平」の権利を許すこと（逃げ道をあたえる）により（国士として認める）、完全に去勢されてしまっている。不遇不平の士は、国難突破のための少数者であるが、阿片の快楽に逃げるしかない。この背後には、少数者のた

めの巨大な漢字文化がねそべっている。》

私は、三十八歳で官を辞した袁枚のことを、その詩とともに自然に思い浮べている。ここでは、草森紳一の、本書での主題（テーマ）の一つが明確に示されているとも言えよう。

科挙制度について、特に深入りする必要もないと思っていたが、安岡章太郎『私説聊斎志異』（朝日新聞社・一九七五年一月）の「あとがき」における、次のような言葉が気になった。

《……科挙の制度は、朝鮮ではこれに似たものを取り入れていたけれども、わがくにはついに輸入されていなかった。あれほど儒学や朱子学が重んじられていたにも拘わらず、である。わがくにに科挙に似た高等文官試験制度が設立されたのは明治になってからで、それは無論ヨーロッパ先進国からの輸入であろう。しかし、ちなみに言いそえれば、英国に外交官試験制度が出来たのはアヘン戦争後のことであって、それは当時の敗戦国清国の科挙制度を取り入れたものだという。そうだとすれば、現在のわがくにの官僚体制を支える高等文官、国会公務員試験は、じつに迂遠な道をとおって導入されたことになる。》

落第の話と言えば、安岡章太郎の得意芸の一つである。だから彼が、長崎あたりを舞台に蘭学を勉強するものの落第する藩士を主人公にして、『聊斎志異』ばりの作品を構想したというのは、よく分かる。ところが、日本には科挙のような制度がないことで、あきらめて、右の引用につながる。

宮崎市定『科挙』(中公文庫・一九八四年二月)には、一九六三年五月に刊行された中公新書版もあり、その後に英語版も刊行されたのだという。

巻末には、「科挙に対する評価」がまとめられて、便利である。

もちろん、最初に科挙制度がつくられたのは、前代の世襲的な貴族政治に打撃を与え、権力者が独裁権力を確立するためであった。次に、官吏に任用された進士群と貴族群との軋轢が始まり、さらに官僚間に派閥の争いも起こる。試験官と受験者とのつながりも生まれる。最終的には、いかに人材を抜擢するかというよりも、いかにして多数をふるい落とすかの方法へとなってしまう。世の中は始めから不公平であり、いくら無料で受験することが出来るにしても、試験場へ向かうための旅費や滞在費、試験官への謝礼や係員への祝儀など、所詮、一般人には無縁なものであった。そもそも、漢字を読み書き出来ることじたいが特別なのである。

安岡章太郎の視線がそこまで届いていないことが不満でもあり、英国経由であればこそ、少しはましな制度になったかも知れぬなどとも思ってしまう。科挙という制度はよしとしても、そもそも何を学ぶべきかという〝問い〟がそこで忘れられているのではないだろうか。

草森紳一は、李賀の生涯も思い浮かべたことだろう。

さて、明治十七年（一八八四年）に新橋駅を出発し、中国へと旅立った岡千仭は、その十年後の日清戦争を予感したろうか。

一般的な受験勉強では、この一八九四年の日清戦争を覚え、そこから十年ごとに大きな戦争が起こることを記憶するものだ。

一九〇四年　日露戦争

一九一四年　第一次世界大戦

時代の大きなうねりとして、「目まぐるしい維新の混乱を経験している」岡千仭は、そういう予感を、どれくらい感じたことだろうか。

すでに見た通り、岡千仭は、原敬のところへも寄っているし、新聞記者・尾崎行雄もインタビューのために、千仭の宿に訪ねて来たりしている。

南方の旅を終えた岡千仭は「北遊」も決意し、北京では、公使の榎本武揚を表敬訪問し、会う。彼には、公使館の一室が与えられることになる。

Ⅳ「筆談」を試みる榎本武揚

明治十八年（一八八五年）三月十三日、天津に来ている榎本武揚から、北京にいる愛妻（たつ）へ送った手紙があるそうだ。清国と天津条約を結ぶため、全権大使（参議兼宮内大臣）伊藤博文の到着を待っていた時のものである。

榎本武揚が駐清全権公使となったのは明治十五年八月であり、帰国が明治十八年十月だそうだから、丸三年以上の北京滞在である。北京へ赴任した時は妻を同伴していたが、明治十七年一月に榎本武揚は一時的に東京へ戻り、北京で出産した妻と子も呼び戻したものの、その後、単身で北京へ帰っている。妻へ手紙を送ったのは、そのためである。

《「(伊藤）大使、着津の上、もし外務卿同様の見込みにて、談判は天津にても苦しからずと相成り候はゞ、拙者儀は無拠《よりどころなく》当表（天津）に逗留せざるを得ず、（北京不在になるので）甚《はなは》だ以て不都（合）千万なれど致し方なし」

どうやら榎本、談判は首都の北京ですべしと考えていたようだ。日本の面目のためである。》

榎本武揚は国際法にも詳しいので、日本政府のもたつきに不機嫌であったようだ。草森紳一は、「決定権は大使伊藤の莫逆《ばくぎゃく》の友である外務卿の井上馨が握っており、自らは旧幕臣の一介の北京公使であることを思い致してか、妻のたつにこう愚痴るのである」と述べる。それほどに妻と信頼関係があることも分かり、また、榎本武揚の生涯が改めて思い浮かぶ。

榎本武揚はそれまでに李鴻章とも信頼関係を結んでいるつもりであったのに、李鴻章から彼のところに連絡もなく、本国政府から袖にされている。妻への手紙には「拙者は不承知」という言葉もあるそうだ。

清国政府は榎本武揚の頭越しに、交渉場所を天津と決めてかかる。李鴻章も天津での談判を主張するものの、結局のところ、大使の伊藤博文らは、日本の威信のためか断固として北京へ向かう。このことに榎本武揚は関係しているかどうか、分からない。ただし、北京で清国政府の接待を受けた上で、談判は天津でという風に、両者が妥協するのである。伊藤博文が北京へ向かったのが三月十七日であり、天津に戻ったのが四月二日。草森紳一は、「外交とは、なんと面倒なことをするものよ!」と、ため息をつく。

清国政府の主張により、「漢語(中国語)」でなく、わざわざ「英語」で行われた談判は、かなり難行する。以下、榎本武揚の手紙を引用しながら、榎本が見た談判を少しだけ覗いておく。

《(談判が――引用者) 破談の場合、外務卿の指し図次第では、「国旗を卸《おろ》して引揚げ」ることまで覚悟したことが、四月十一日附けで、武揚が東京の観月に宛てた手紙によってわかる。

「昨日、午後（天津の）迎賓館にての談判は、弥《いよいよ》両国和戦（平和か戦争か）の分かれ目とも申すべく程の処、流石《さすが》は李鴻章丈《だ》ケ（あり）、空力身《カラリキミ》を出さず、遂に折合相付《あいつき》、先ず双方国家の威光に傷《きず》つけず、円《まる》く纏《まとま》り候間、何寄《なによ》り大慶に御座候」

これは四月十六日、北京のたつに宛てた手紙にあり、十八日には調印の予定ともある。

「伊藤は長州のサワギ（前原一誠の乱か）の節、種々苦労せし人なれど、今度の如き重荷を背負いたるは、始めての事ゆへ、ドウダカと傍《そば》より見居り候処、中々感心の事少なからず」

と伊藤博文の政治手腕をほめている。あれほどカッカときていた榎本だが、なんとか談判なってほっとしたのか、「ドウダカと傍より見居り候」と余裕のあるところを急にたつに示しているのも、おかしい。さらにこうも自慢して見せる。

「伊藤は、今朝（領事館の）庭の桃花《とうか》を見て、サモ面白気《おもしろげ》に起立いたし居り候処へ、拙者用向ありて、側《かたわら》より上野向嶋の桜花《おうか》より面白からん、と言懸《いいかけ》しに、実に然り々々、と申し居り候。心中察せられ候」

伊藤も談判成立して、ほっとしたのか、榎本のからかいにも「然り々々」とおうように受けとめている。》

これが、『文字の大陸』における「榎本武揚の巻」の結末部で、最後の「伊藤博文の巻」への〝つなぎ〟となるわけだ。明治十七年（一八八四年）前後、中国の地を踏んだ尾崎行雄、原敬、岡千仞、榎本武揚について語り、最後に、伊藤博文に至るのは、その相手が李鴻章であり、草森紳一が、その背後に副島種臣を意識しているからであろう。

副島種臣について調べているうちに、李鴻章を媒介として、草森紳一は明治十七年（一八八四年）前後に中国へ向かった五人に目をとめたのであろうが、なんと独創的な視点であろうか。

さて、引用文中の愛妻「たつ」はよしとして、「観月」の方は、説明の必要があろう。正しくは観月院と称する、榎本武揚の次姉であり、若くして未亡人となり、武揚が最も慕っていた姉・らくのことである。加茂儀一『榎本武揚』（中央公論社・一九六〇年九月）によれば、「生涯を未亡人として通し、つねに彼の家にあって、母なき後の武揚を子の如くいつくしみ」、その感化が大きかったという。

そもそも、〝天津談判〟とは何かについて語らなければならないが、話を少し前に戻そう。

本当なら、安部公房の小説『榎本武揚』（一九六五年）や子母澤寛の小説『行きゆきて峠あり』（一九六七年）、綱淵謙錠の小説『航　榎本武揚と軍艦開陽丸の生涯』（一九八六年）などについて触れたいところだが、残念ながら函館戦争以後から始めるしかない。函館五稜郭にたてこもり、旧幕臣として官軍に抗し、投降後、その才を惜しんだ薩摩の黒田清隆の命乞いにより出獄、北海道開拓使となるところから、草森紳一も語る。ここでは、綱淵謙錠が小説の「〈あとがき〉に代えて」で、数え十九歳の榎本武揚（釜次郎）が蝦夷地から北蝦夷《カラフト》まで視察した目付堀利熈と勘定吟味役村垣範正（のちの淡路守）らの随員として従った、彼（釜次郎）の漢詩が引用されているので、それだけでも引用しておきたい。ついでながら、村垣淡路守の領地の名主が我が先祖であったという因縁もある。

靺鞨《まつかつ》の山青一髪《せいいっぱつ》
我が行此《こう》に到って稍《やや》豪たるに堪えん
宝刀横たわる処鬼も呵護《かご》し
胡馬嘶《いなな》く時風は怒号す
短褐《たんかつ》早天に暁霧を衝《つ》き

孤帆《こはん》残月に秋濤を乱す
扶桑《ふそう》は南望す三千里
頭上驚き見る北斗《ほくと》の高きを

題は「失題」で、梁川榎本釜次郎の作、「或云十八歳、始入蝦夷時作」と注記されているという。訓読は綱淵謙錠に従っている。作品の出来ばえは問わないが、カラフト（樺太）らしい情景だなと思う。わざわざ掲げたのは、後に函館五稜郭に立てこもったのも、北海道開拓使から海軍中将を経てロシア特命全権大使となったのも、さらに、外務大輔（次官）や海軍卿（大臣）を経て駐清全権公使となったことも、右の漢詩から始まっているように思ったからだ。

まあ一応、『広辞苑』第五版でも榎本武揚を確認しておこう。「政治家。通称、釜次郎。号、梁川。江戸生れの幕臣。長崎の海軍伝習所に学び、オランダに留学、帰国して海軍副総裁。戊辰戦争で、箱館五稜郭に拠って官軍に抗したが間もなく降伏。のち駐露公使としてロシアと樺太・千島交換条約を結ぶ。諸大臣を歴任。子爵。（1836～1908）」とある。

草森紳一は、榎本武揚が外務省に入るのは原敬などと同じで、新政府の傍流だからであるとし、海軍中将に抜擢されたのは、箔をつけ、ヨーロッパの外交界で働かせるためだと考える。

五か国語（英・仏・露・蘭・伊）にも通じ、「一種の美男」とも述べる。中国語は出来ないが、右の漢詩の通り、漢文の素養はある。

ロシアでは、シベリア西部のトムスクから、ロシア帝国と清朝の交易拠点であるキャフタに向かい、互いに言葉の通じないロシア人と中国人の間で、中国人と「筆談」してみせる榎本武揚の姿を、草森紳一はあざやかに描いている。周りの、字が書けない中国人も、その様子に驚きを示す。キャフタの「筆談」で株をあげた榎本武揚は、黒竜江を渡る小汽船で愛琿城《あいぐん》の岸に達し、そこの清国の総鎮台とも「筆談」に及ぶ。鎮台は漢人ではなく、満人であったが、中国人の役人である限り、「建て前としてほとんど詩人」であると草森紳一は断じている。確かに、その鎮台も「尭山《ぎょうざん》」という雅号を持っているので、日本語からロシア語、さらに満洲語へなどという会話に苛立った榎本武揚は、その鎮台に「筆談」を試みたわけだ。

《「筆談」は、あくまで相手あってのことである。ともに芸心があれば、たとえ見物人がいなくとも、そのやりとりは白熱ヒートする。武揚が鎮台に向って走筆を開始した時は、彼一人のしぐさであるが、ぐるりと鎮台の部下が囲んでしまったため、見物空間を成立させている。

だが、書き終わると、その紙片をさし出し、相手の返事を待つのが、「筆談空間」というものである。こんどは二人のやりとりが見世物の対象と変わる。丁々発止《ちょうちょうはっし》、とうまくいけば、大いに見物人を感動させうる情況が発生する。ところが、この鎮台、中国人のインテリのはずなのに、なぜかもたもたしているではないか。いったい、どうしたことだ。》

草森紳一は、まるで、その目で見てきたように、その場面を語る。榎本武揚の『シベリア日記』（明治十一年）に従って書いているのだが、時々、ほとんど榎本武揚に乗り移っているようにも見える。榎本武揚自身は、「鎮台は筆を採（つ）て答えを為すに、予よりも甚だ遅く、且つ漢文に深く達せざると見え」と明確に判断している。鎮台の漢文に対する能力よりも、榎本武揚の漢文の力が勝《まさ》っているわけだ。そのことを、草森紳一は、必要以上に騒ぎ立てながら、ほとんど小説のように描いてみせる。右の引用に続けて、草森紳一は描く。

《……せっかくの切迫してあるべき筆談空間を壊してしまうような意外な様相を呈してきた。走筆の榎本の迫力に（鎮台が——引用者）圧倒されたのではない。いわんや榎本の「漢文」のみごとさにあわてたからでない。彼（鎮台——引用者）は高官だが、満洲人である。清朝の支配者は満洲人だが、科挙の試練を免れて特権的に役人になる場合がほとんどであるため、漢

民族の役人のように、みながみな漢語に堪能というわけにいかない。》

キャフタの「筆談」では成功したのに、愛琿城の総鎮台との「筆談」では、榎本武揚は〃一人芝居〃になってしまう。草森紳一は言う。「満洲人の鎮台は、おそらく漢語はなんとか読めても、またしゃべれたとしても、「漢文」のほうは、あまり書けなかったのではないだろうか。」と。そこで活躍するのが、鎮台側の「通事」である。サハリン村の商人で、どうやら漢人らしく、商売柄、ロシア語も満洲語も出来、鎮台にあれこれ助言する。

キャフタの「筆談」の見物人は七、八人であったが、今回の「筆談」の席には、榎本の随行者だけでも五、六人であり、船の客が七、八人、鎮台側には無数の見物人がいた。それらの人々が、「二人のやりとりを、これいかにとかたずを飲んで、取り囲んで」いる。「とりわけ鎮台側の人物たちにとっては、日頃、威張りくさっている彼（鎮台——引用者）の周章狼狽するシーンをたっぷり目撃したこと」になる。草森紳一は、『「醜態』という予期せぬドラマが発生している」とする。草森紳一が、榎本武揚の『シベリア日記』を演戯的に読み、楽しんでいることがよく分かるではないか。

結果としては、榎本武揚の「筆談」は失敗したわけだが、鎮台が「筆談」で対応出来ず、赤っ恥をかき、「アウ、パウ、ホウ」とうろたえながらも、「部下の手前、なお泰然たる態度はとりつづけねばならぬ」様を、草森紳一は見てきたように描いてみせる。

以下、この話の続きもあるが、それは省略し、その明治十一年（一八七八年）九月十八日の出来事の後、榎本がウラジオストック経由で小樽に着いたのが十月二日である。その五年後の明治十六年（一八八三年）に、榎本武揚は清国公使を命じられた。

榎本武揚のロシア滞在は、明治七年（一八七四年）六月から明治十一年九月まで、丸四年以上に渡り、言い換えれば、征韓論破裂後に任官し、西南の役の間はロシアに滞在している。帰郷後、明治十二年（一八七九年）に外務大輔（次官）、明治十三（一八八〇年）年には海軍卿（大臣）となり、そして、明治十五年（一八八二年）八月、駐清全権公使となるわけである。

明治十五年七月、朝鮮の日本公使館が襲撃を受ける、いわゆる〝壬午《じんご》の変〟が起きる。日本は「在留民保護」のため軍艦を派遣し、朝鮮側は清に援軍を求め、李鴻章もそれに応じて、一触即発の緊張が高まる。

とうてい「支那通」とは言えない榎本武揚だが、北京にはヨーロッパの公使たちがいるので、欧州に留学体験があり、語学にも達者であるので、彼が選ばれたのではないか、というのが草森紳一の見立てである。

そして、明治十七年（一八八四年）十二月に、清国の力を借りた事大党を打倒するため、金玉均ら独立党が漢城（ソウル）でクーデターを起こし、新政権の樹立を果たすものの、政変二日後には清国兵が王宮を奪回し、王宮警護の日本軍も撤収することになってしまう。いわゆる〝甲申事変〟である。翌年一月には、特派全権大使の井上馨が事変の処理に関する〝漢城条約〟を結ぶ。ただ、ことはそれで終わらず、同年に伊藤博文が登場するわけだ。

既に触れていることだが、榎本武揚は一度、北京から東京へ呼び戻されている。どうも、その帰国時に李鴻章と初めて会い、「同氏（李鴻章――引用者）は頻りに自分の帰国を惜しめり」と手紙に書いているという。草森紳一は「社交辞令も多分にあったと思われるが、本人（榎本武揚――引用者）はそう思っていない節がある」と述べる。榎本は「帰朝命令」を英国公使への転任と考えていたようだが、井上馨の下での「外務大輔（次官）になってくれ」ということになる。格下げでもあり、北京公使にもやる気を持っていたので、草森紳一は「しぶしぶだったかもしれぬ」と考える。ところが、明治十七年七月に清仏戦争が起こり、榎本武揚は再び北京に戻ることになる。情勢はくるくると変わり、榎本武揚もそれに対しては、どうしようもない。同年八月には李鴻章に会っている。

《八月二十七日付、妻のたつに送った手紙を読むと、前日に李鴻章に逢ったことが記されている。

「扨《さて》昨日は李鴻章を訪ひ、一時（間）半許《ばか》りの長話《ながばなし》いたし、今日は同氏が参られ、二時間余の長話」

「同氏は拙者の厚意を感じ、殆《ほとん》ど涕《なみだ》を浮べ、何事も隠さず打明《うちあけ》て話し……又李氏には朝廷に人物なく、己《おの》れの建言ハ行ハれず、仏艦ハ荒《あば》れ廻り、実《まこと》に処置に苦《くるし》む」

と李鴻章は、武揚に愚痴をこぼしたようだ。彼は武揚を信頼し、本音を語ったともいえるが、味方にひきこむための彼の外交術だといえる。一筋縄ではいかぬ政治家で、「涕を浮べ」ることなど、なんともない。》

榎本武揚は、九月にも李鴻章と話し合って助言を与え、仏国軍艦の乱暴振りを非難している。その一方で、清国の役人が仏国公使や領事と穏やかに付き合っている、その無頓着さに、榎本武揚は不可解な思いを抱いてもいよう。

また、一旦は落着したはずの朝鮮国内の党派争いに絡んで、清国と日本との政治協定が必要な情勢となる。朝鮮から日清両軍隊が撤退し、両国は朝鮮に軍事教官を派遣しないこと、朝鮮に重大事が起こり、出兵の必要がある場合は事前に交渉し、事変後に撤退することなどの三条件について話し合ったのが〝天津談判〟である。

榎本武揚にしてみれば、それまでの李鴻章との付き合いもあるので、伊藤博文の登場は、どこか頭越しのように思われたのであった。

遥か昔を振り返えれば、好太王碑にある通り、四世紀末における倭・高句麗戦争とか、五世紀、倭の五王の一人である武（雄略天皇）が、当時の中国王朝から安東将軍の称号を得て朝鮮へ野心を持った頃もあったわけだ。

歴史というものを感じないわけにはいかない。漢字文化については既に触れたが、中国の歴史の上での儒教についても考えておかなければならないように思う。

マックス・ウェーバー（1864〜1920）と言えば『プロテスタンティズムの倫理と資本主義の精神』だが、彼には『世界宗教の経済倫理』などという研究もあり、たとえば中国における儒教と道教を綿密に分析している。ウェーバーは、〈儒教〉を書籍的教養が高く、同時に世俗的な生活態度で、合理的な行動様式を示す官僚層に適合した身分的な倫理だと論評する。官吏になるための科挙があり、そのために知識だけでなく、一定の資産を必要とした、家産官僚層に最も適合的な宗教意識もしくは思想であったというわけだ。ただ、一般民衆の生活意識に結びついていたのは〈道教〉で、中国では〝宗教の二重構造〟があったというのがウェーバーの分析である。中国における〈漢字〉の役割も同じように考えられよう。

他方、ウェーバーは「達人の宗教意識」と「大衆の宗教意識」という用語によって、近代ヨーロッパのプロテスタンティズムに至る宗教意識を論ずる。少数の達人だけが達しうる宗教意識と、民衆が持つ宗教意識が、社会的に固定されずに、いわば「大衆の宗教意識」が「達人の宗教意識」を自らの内に取り入れ、新しい文化を生み出していく、歴史の展開を推し進める精神的エネルギーとなったと述べる。

もちろん、〈儒教〉の場合にも、陽明学のような、ピューリタニズムと似たエトスがあったことにもよるだろうが、まさに、〈漢字〉がそうであったように、〝二重構造〟は李鴻章の時代まで続いていたとも言えそうだ。そして、今、〝天津談判〟では「英語」が使われている。間違いなく、時代が大きく動いたのであろう。

V　夢の中に立ち現れる伊藤博文

最終章になってしまった。

ただ明治十七年（一八八四年）前後に中国へ向かった何人かの、日本人の足跡が描かれているだけであるのに、どこか大河ドラマでも見ているような気にさせてくれる。榎本武揚だけでも、大河ドラマの主人公にふさわしく、もし私に脚本を任せてもらえるなら、十九歳で北蝦夷《きたえぞ》（のちの樺太《カラフト》）を見て作った、あの漢詩の場面から始め、四月頃に函館戦争を終わりとし、北海道開拓使から海軍中将となった四日後にロシア特命全権大使に任命され、新たな〝明治の世〟に思いを向ける武揚の姿を描き、ロシア公使時代の、例の「筆談」の話や、〝天津談判〟までのこと、〝天津談判〟それじたいのドラマとか、十二月まで近代日本の物語をうねらせることだろう。いや、やはり草森紳一の、この『文字の大陸　汚穢の都』を原作として、尾崎行雄、原敬、岡千仞、榎本武揚、伊藤博文を多面的に描きながらの大河ドラマの方がいいかもしれない。

いよいよ、〝天津談判〟での、一方の主役・伊藤博文が登場するわけだが、読み終えてしまうのが惜しい気がする。もっとも、「伊藤博文の巻」の後半は草森紳一の死により未完のままとなってしまった。つまり、読み終えることなど出来ないとも言える。

草森紳一自身も、くりかえし夢を見るように考え続けたのだろう。実際に伊藤博文が彼の夢に立ち現れる。未完のまま終わった「伊藤博文の巻」で、今でも草森紳一は、ずっと夢を見続けているのかもしれない。

《私は、多夢症である。すこし横になって目をつむっただけで、すぐに眠りに入り、もう夢を見ているようなところがある。

このところ、歴史上の人物について書くことが多い。そのためか、いろんな史上に有名な人物が、わが夢の中に立ち現れる。多夢症とは、妄想症のことなのかと思えるほどだが、浅い夢だともいえる。つい最近、伊藤博文がわが夢に出てきた。

なかなか面白い夢であったが、すこしだけ語るなら、夢の中の私は、ニコニコと笑顔をたやさぬ伊藤博文に向かって、明治十八年、北京や天津に赴いた時のことを問うているのである。「北京晤談《ごだん》筆記」を読んだと彼にいえば、「ああ、あれか」と言ったのち、急に憤然として顔をひきしめ、拳を振って叫ぶのである。

「なにかいうより、あたり前をいう」

私に向かって、にらみつけるようにして、このセリフを、お前には、わかるか、どうかわかってくれ、というふうに何度もくりかえしていうのである。電話のベルが鳴る音で、私は目をさましてしまったが、その後も「なにかいうより、あたり前をいう」という伊藤博文のセリフが私の頭の中でグルグル廻り、どういう意味だとさかんに問いかけつづけている。外交のコツは、なまじなにか主張したりするより、構えずにごくふつうの態度で、相手に接するのが肝要だと、もっとも難しいことを伊藤は言おうとしているのだろうか。》

具体的な外交交渉を扱った話の中に、草森紳一自身が不意に姿を現すのだから、彼の文章を読みなれていない人ならば、びっくりすることだろう。ここでは、草森紳一の夢の中に伊藤博文が立ち現れて驚く場面なのだが、本当は話が逆で、読者としては、伊藤博文について書かれている文章の中に〝筆者である草森紳一〟が不意に顔を出しているのである。まあ、これが〝意識的な雑文というスタイル〟の醍醐味でもある。

いわゆる〝天津談判〟の前、明治十八年三月二十七日に、伊藤博文は北京で清国の皇帝に謁見している。その第一回の晤談《ごだん》は総理衙門だったが、第二回（三月三十日）は慶群王の方から日本の公使館を訪ねている。慶群王には事を決める権限はないので、実際の交渉は李鴻章のいる天津で行うしかない。慶群王は「将ニ是ヨリ、閑話ニ及バントス」と言うわけだが、もちろん、単なる無駄話や雑談ではない。慶群王にも、それなりの意見もあり、今回の〝天津談判〟に関心もあることが示された「外交ゲーム」である。草森紳一も「公的決定力はないが、記録にもとどめられて、たんなるオフレコの雑談ではない」とし、「閑談というスタイル」だと述べている。草森紳一の夢の中に出てくる「北京晤談筆記」に基づいた話は〝天津談判〟の序章なのでもあろう。

さらに〝天津談判〟について、草森紳一は〝微に入り細を穿つ〟という風に語るのだが、私は、それを追わない。ただ、その交渉で使用された〈言葉〉に触れることだけにとどめておきたい。

明治十八年と言えば、日本では欧化政策の華やかな鹿鳴館の時代でもある。

《天津の総理衙門《がもん》で開かれた六回に及ぶ李鴻章との談判（四月三日〜十五日）で、伊藤（伊藤博文――引用者）は日本語でなく、すべて英語を以て対応したという。これは、李鴻章が外国との交渉に慣れていることもあるが、条約改正を意識した外国人向けのデモストレーションともいえるだろう。ならば、鹿鳴館次元のふるまいである。

（中略）

談判の席上、伊藤が英語でしゃべりまくったとすれば、それを筆記したのは、だれか。日本側からは鄭権（鄭永寧《ていえいねい》――引用者）大書記官が同席しているので（彼は中国語もわかるはず）、彼の役目か。

「天津談判筆記」をふくむ「伊藤特派全権大使復命書」は、邦文の他に英文が附されていたというから、天皇のみならず、在留の外国人（外交官）の閲覧に供する意図もあったのか。漢文読み下し調をもって『明治文化全集』（外交篇）に収録されている邦文は、のちに同席していた大書記官の伊東巳代治（伊藤の懐刀といわれた）の手になるものといわれる。》

日本にとって、中国は〈文字の大陸〉であり、〈漢字の大陸〉であった。日本は長い間、その影響を受け、中国語を話すことは出来ないにしても、「筆談」というスタイルで意思疎通を図ったりするような関係があったのに、もはや、清国が西欧諸国と交渉するのと同様の交渉の仕方をするようになったわけである。この〝天津談判〟には、伊東、鄭の両書記官の他、北京公使である榎本武揚も出席している。伊藤博文も榎本武揚も中国語は分からないものの「漢文」をよくする。伊藤博文も榎本武揚も「英語」も「漢文」もよくすると言い換えた方がいいか。中国側の役人にしても、李鴻章を除けば、「『英語』の声が主役となって飛びまわっている」と草森紳一も指摘している。「中国人と日本人との談判だというのに、『漢文』による筆談は採用されていない」と、草森紳一はことさらに指摘してみせるのだが、両国の関係がそれほどに遠いということであろう。言うまでもないことだが、日本は中国に一種の憧れを抱き続けて来たわけだが、中国の視野には、日本という小国など入っていなかったことだろう。その意味で、「『漢文』による筆談」などという交渉の可能性など、初めからあるとは思えない。

李鴻章の〝ぬらりくらり〟振りにも触れないわけにはいかない。草森紳一は「中国の外交には、交際と交渉の分別がないという批判もあったが、これは西欧的発想というもので、この垣根を作らぬ無分別、あるいは曖昧さは大国意識からくる伝統的な懐柔策というもの」と述べる。

《李鴻章のぬらりくらりは、広大な中国そのものを体現しているところがある。スケールの大小はあるが、中国人には特有の処世術であり、広大な大地への対処からきている。李鴻章は、その「大」的な人物である。李鴻章は、今日の中国では、売国奴のレッテルをはられているが、瀕死状態の清朝を延長に導いたのは、ぬらりくらりの権化、中華思想の化身である彼だったといえる。外圧をけっして愉快と思っていないが、呑舟の構えがある。》

この当時、伊藤博文は、憲法問題や国会開設等々、多くの国内問題を抱えている。李鴻章にしても清仏戦争の真っ最中であるので、互いに面倒なことにしないで朝鮮の問題を解決したい思いがあったろう。朝鮮のことを朝鮮抜きで議論している。今なら、両国とも、朝鮮に対して〝力による一方的な現状変更〟しようとしているという話になろうが、清と日本とのパワーバランスの問題でもあろう。清朝は朝鮮を属国扱いし、日本はアジアに野心を持っている。日清戦争のほぼ十年前という時期でもある。

《この時、伊藤（伊藤博文――引用者）は、意外な行動に出る。英語による弁舌の中断である。清国通訳の羅豊録に向って、これより「談判ノ要領」を日本の清語通訳に語らせるので、よろしくというものである。その「要領」は、これまでのように自らは英語をもってせず、日本語で談判するというわけだ。訳が長くなるので、その要領陳述に当り英語ではやらぬというのである。》

草森紳一は、それを「なんだか腰くだけのようでもあるが、臨機応変ともいえる」とし、「名にし負う李鴻章」を前にして、伊藤博文が「緊張しているという面もあっただろう」としながらも、「むしろ、いさぎよい」と論評する。

この〝天津談判〟について、草森紳一と同じように、〝微に入り細を穿つ〟如く語りたいのはやまやまなのだが、私は、ただ言葉について触れるだけにとどめている。もちろん、そこにあるのは、「伊藤（伊藤博文――引用者）は、まわりくどい西欧の理を身につけてしまっているが、李鴻章は、あくまでぬらりくらりの中国流の『理』で構える」という差でもあろう。

大げさな言い方をすれば、そこには欧米中心的な進歩史観からの脱却と相対主義の罠もあるように思う。「漢字」という共通の文化を持ちながらも、「英語」によって交渉し、多様性の擁護が、何故か相互理解が不可能な「文化相対主義」に陥ってしまう。その事実を観察し、記述した学者はこれまでにもいたと思うが、そこで、その困難に身を寄せ、まるで我がことのように身をよじったのは草森紳一が初めてではないだろうか。

政治学や歴史学、軍事学的に〝天津談判〟を考察した学者は他に多くいるにしても、自らの実感だけを頼りに、複数の社会を比べ、脱進歩的な比較社会学的な試みを行ったのは草森紳一だけであろう。いや、草森紳一の〝意識的な雑文のスタイル〟を、「脱進歩的な比較社会学的な試み」など評したら、草森紳一に叱られるかもしれない。この形容は、マックス・ウェーバーにこそ与えるべきものである。先にマックス・ウェーバーの〝宗教の二重構造〟などの分析を思わず引用してしまったのも、草森紳一の思いがけず入り込んでしまった世界が、マックス・ウェーバーの研究分野と重なるところがあるように思ったためである。草森紳一はマックス・ウェーバーを意識したとは思えないが、手探りで同じような問題意識を抱いているところが面白い。

せっかくなので、少しだけマックス・ウェーバーの『職業としての政治』（一九一九年の公開講演）に触れておきたい。そこに、李鴻章についての記述があるから、である。

《中国の官人《マンダリン》はもともと、西洋ルネッサンス時代の人文主義者に近い存在で、遠い昔の古典について人文主義的な訓練をうけ、かつ試験〔「科挙」〕によって登用された読書人である、というより、かつてはそうであった。諸君が李鴻章の日記を読まれれば、彼ほどの政治家でも、自分に詩が作れ、すぐれた書家であったことに大変な誇りをもっていることに気づかれるはずである。中国の全運命は中国の古典を中心に発達した慣習を身につけたこの階層によって決定された。》（岩波文庫・一九八〇年三月／脇圭平＝訳）

当時、中国についての文献が豊富だったとは思われないが、今さらながら、見事な分析であると言うべきだ。近年、マックス・ウェーバーの儒教理解に対して疑義が示されているらしいが、歴史的な限界であろう。

さて、右の引用は、「君主と等族《シュテンデ》との闘争」の中で、君主に奉仕しながら成長した「職業政治家」

の主要タイプについて述べたものである。君主が頼みとした階層として、①聖職者、②文人（読書人）、③宮廷貴族、④都市貴族、⑤法律家を指摘している。

考えてみれば、ことさらに「職業政治家」について考える必要が生じたのは、まさに第一次世界大戦後という時代背景だったのかもしれない。

マックス・ウェーバーに即して言えば、ドイツの敗北が「政治」の意味を、明らかにせずに済まさせなかったのであろう。

政治の本質的属性は権力であり、政治はどこまでも政治であり、「倫理」ではない。にもかかわらず、どうにかして「政治の倫理」を実現する必要があるのではないか。

マックス・ウェーバーの『職業としての政治』は講演録であり、小さな本である。とは言え、その内容は、遥か昔の、氏族《ジッペ》が「物理的暴力をまったくノーマルな手段」としていた時期から始め、そもそも支配の「正当性の根拠」について、①「永遠の過去」をもっている権威、②非日常的な天与の資質《カリスマ》の権威、③「合法性」による支配などを論じている。細かいことをあれこれ言う余裕はないが、君主に奉仕する形で「職業政治家」であったのが李鴻章であったとすれば、西欧の議院内閣制をモデルにしていた明治政府では、「専門官吏」と「『政治的』官吏」がゆるやかに分かれていった時期で、その「『政治的』官吏」として伊藤博文が、李鴻章に対したと言えるかもしれない。

マックス・ウェーバーは、政治家にとって三つ資質が必要だと指摘している。それは、①情熱、②責任感、③判断力であり、そのことにより「歴史的な重大事件の神経繊維の一本をこの手で握っているのだという感情」や、「権力が自分に課する責任に耐えうる人間になれるか」という問い、「歴史の歯車に手を掛ける資格があるのか」という判断で、まさに「倫理」的な領域へと入り込むのである。

草森紳一の夢に現れた伊藤博文が、「なにかいうより、あたり前をいう」とセリフを言ったことの意味の幾分かは、マックス・ウェーバーの分析によって考える糸口を見つけられるように思う。

草森紳一は〝天津談判〟に至る数年を、中国を舞台として、何人かの人物を通して語ってみせる。その語り口はほとんど天才的でありながら、その〝凄み〟が、未だに一般的に理解されていないことを惜しむ。草森紳一の実質的な処女作は『マンガ考　僕たち自身の中の間抜けの探究』というものだが、実際のところ、この『文字の大陸　汚穢の都　――明治人清国見聞録』は、近代アジア世界における「僕たち自身の中の間抜けの探究」であるかもしれない。草森紳一は自らの方法を何も変えていないのに、その語り口は誰も真似できない名人芸となったのである。研究者しか扱えないような題材を、普通に生きる我々のものとして取り返したとでも言うべきか。いや、話は逆かもしれない。ごく日常的な会話のように、たとえばマックス・ウェーバーが論じたような話題をいきいきと語っているのである。草森紳一の〝意志的な「雑文」のスタイル〟は、その初期からの歩みを、ついに〝天上の高み〟にまで届かせた、というべきではないだろうか。

最後に、副島種臣への李鴻章の書簡を引用しておきたい。

何となれば、伊藤博文が、〝天津談判〟の李鴻章の裏に見ているのは、副島種臣かもしれないからだ。いや、草森紳一自身が、李鴻章の向こう側に副島種臣を見たかったからかもしれない。

《かつて、ペルーによる清国民連れ去り事件の際、貴殿が清国民の救出解放に御尽力されたことに対しては、私だけではなく万人が深く敬意を表すでしょう。貴殿の盛徳と正義、公正さは、冷淡で低俗な者（国）を恥入らせました。貴殿の毅然とした態度により、この事件を解決しました。

この度、貴殿は命を受け中国を訪問されました。私たちは議論を交し、率直な意見交換ができました。貴殿とは、もっと早く知り合いになれれば良かったと思っております。昨朝、西太后様との拝謁の際、貴殿が礼儀を持ちながらも厳しい言葉で西太后様に諫言されたと聞きました。改めて、貴殿の欺騙行為（連れ去り事件）に対する毅然とした対応に敬意を表します。

世界中の各国は、それぞれ君主をいただき、それぞれが国民を有しています。儀礼や教養、風俗も異なりますが、人心の向かうところは一点に集約されます。君主を尊敬し、国民を庇護する者に、人々の敬愛を得られない者はないと言われています。私、鴻章は不才であり、人心を導くことができません。また、不徳でもあり、この地位にいることを常に恐縮しております。貴殿からの御期待に対しては、恥かしくて返す言葉もありません。しかし、同じく東方の地に住まう者として、平和友好関係を結んだことは、実に双方にとって数千年来の盛挙と言えましょう。

これからも貴殿と共に、「輔車相助、唇歯相依」という言葉を励みとし、共生していきたいと思っております。本日は、私自身がお見送りしたかったのですが、できないことをお詫び申し上げます。貴殿には御自愛ください。東方を見ると、滄浪が絶え間なく勢いよく翻っております（この季節に、貴殿を思いつつ手紙をしたためました）。》

平成十七年十一月十五日から翌年一月二十九日まで開催された「『外務卿　副島種臣』展」（佐

賀県立佐賀城本丸歴史館）で、この書簡の印刷されたチラシが配布されたようだ。それを私が所持しているということは、その企画展を見たのだろうが、どうにも記憶がない。不思議なことである。

言うまでもなく、明治五年（一八七二年）のマリア・ルーズ号事件のことが話の中心である。当時、横浜港に停泊中だったペルー船内で奴隷的扱いを受けていた清国人の二百三十一人を解放したということで、日本初の国際裁判となった。多くの人々は国際問題となることを恐れ、不干渉を決め込もうとしていた中で、外務卿・副島種臣が断固として人道主義を貫き、日本の主権を訴え、勝利し、その名を世界に示した。老獪な李鴻章の挨拶文を言葉通りに受け取るわけにもいかないとしても、全世界に対したのと同様に、清国とも対等に振舞った副島種臣の姿は確認できそうだ。

まあ、それはそれとして、原稿用紙三千枚を超えるという、草森紳一の〈副島種臣論〉は雑誌連載のまま、未だ刊行されていない。まずは、その、早期の刊行を願うのみである。

草森紳一の「漢詩鑑賞」本

『酒を売る家』の再刊を求める

草森紳一には、どうにも残念なネーミングの本が数多くある。いや、はっきりと「意味不明の表題」と言うべきであろうか。まあ、それはそれとして、それとは別に、一見すると普通なのに、よく考えてみると不思議なものもある。たとえば『酒を売る家』という「漢詩鑑賞」本などが、それに当たるだろう。出版社も、この書名で、どういう売り方をしようとしたのか、私などは、ただ首を傾けるしかない。竹書房から刊行された『漢詩賞遊　酒を売る家』（一九九六年十二月）というものだが、表紙にも、背文字にも、この「酒を売る家」というタイトルが大きく示され、ごく小さく「漢詩賞遊」とある。これでは何の本か分からない。書店では、食品や建築関係の棚にでも置かれそうではないか。

中身を見ると、九〇篇の漢詩が鑑賞されていて、それぞれ小見出しが付けられ、タイトルと同じ「酒を売る家」の項では、南宋末の劉克荘《りゅうかつそう》の詩が論評されている。散歩に出たものの、夕暮れ時に入った店で「酒はもう売り切れだよ」と言われてしまう詩である。散歩の話だから、草森紳一らしいとは言え、ことさらに書名として使った意味が分からない。

扱われている漢詩は有名なものもあれば、珍しいものもある。「有名詩人」が好きになれないというのは、いかにも草森紳一らしいところであろう。とは言え、四十歳を過ぎたら、李白にも蘇東坡にも「身にしみいるような良さ」を感じた、とも言っている。杜甫の詩「江《こう》の頭《ほとり》に哀しむ」を読みながら、敗戦の翌年、ジープでやって来たアメリカ兵が一羽の鴉を銃で撃った出来事を思い出したりするのも、草森紳一らしいところかもしれない。

もちろん、李賀もとりあげられ、十九歳の時に初めて読んで、「その瞬間、クワっと赤い火の玉が飛び込んで、からだ中を駆けめぐった」と振り返る。特に詩「弟に示す」を鑑賞の対象としたのは、そこに書庫「任梟盧《にんきょうろ》」という名の由来があるからであろうか。

清時代の龔自珍《きょうじちん》（1792～1841）に、訳せば「パンの歌」とでもいった詩があり、月とパンが会話をする。月がパンに語る、「円《まる》いものが欠けるのは仕方がない」と。パンが月に答える、「いやいや、めぐりめぐって、いつまでも」と。清朝も翳りが見え始めた時代のことだ。作者は、貧しいパンを手に持った我が子に対して、丸いパンが食べて欠けても、まあ、五百年も経って、お前たちの孫の代には、きっと満月のように、まん丸で、大きなパンが食べられるだろうというわけである。「円」は草森紳一の、テーマの一つでもあった。

私も龔自珍の詩が好きなので、草森紳一が触れていない作品を少し引用しておこう。

まず、井波律子『中国名詩集』（岩波書店・二〇一〇年十二月）は、名詩百三十七首で構成されているが、龔自珍の作品では七言絶句「一歯堕ちて戯れに作る」を引いている。ここでは、井波氏の訳を借りておく。

私に連れ添うこと三十五年。
文章を論じ哲学を論ずるにも、きみのおかげで言い表してきた。
きみが私に死が近づいたと知らせてくれたのに感謝し、
みずみずしく花開かんとする樹のほとりに埋めて進ぜよう。

一八二六年の作。詩人は三十五歳。科挙には落第し続け、三十八歳で合格することになる。抜けた「歯」を擬人化して明るく振舞っているようにみえるが、心が晴れたというわけにはいくまい。先ほどの「パンの歌」というか、「餺飥《はくたく》の謡《うた》」は、三十一歳時の楽府体であった。つまり、民謡形式で、当時の食料事情を揶揄し、政策の貧しさを嘆いているわけだが、ここでは、その揶揄が自らの内部へと向かっている。

好みで言えば、草森紳一は次のような作品にシンパシーを持ったのではないか、と勝手に思っている。

古人　字を製《つく》りて鬼《き》夜に泣く
後人《こうじん》　字を識《し》りて百憂《ひゃくゆう》集まる
我は鬼を畏れず復た憂《うれ》いず
霊文　夜に補《おぎな》えば秋灯碧《しゅうとうへき》たり

詩人の仕官は二十一歳時に始まるが、空白の時期もあるので、実際には二十九歳の春からだと言われる。人間関係の煩わしさは官吏だけではないものの、その儒教的な伝統の支配と、アヘン輸入や人民の反乱等による清朝政府の弱体化は、詩人を憂鬱にさせたことは言うまでもない。引用したのは「己亥雑詩《きがいざっし》」其の六十二番であるが、それは詩人の退官の年であり、己亥の年（一八三九年）、四十八歳の時、八ヵ月間における詩人の精神と行動の記録であり、七言絶句・三一五首より成っている。

昔、人が初めて文字をつくった時、亡者・ゆうれいは恐れをなし、夜ごとに泣いた。後世の人々は、学問をすることで心配が増えた。詩人は恐れもしないし、憂愁もいだかない。秋の夜ふけに、古代の字形・字義を解明し、補足していると、灯火が青みどり色の、怪しげな光りを放っている。

草森紳一も、そんな怪しげな光りを受けつつ、漢詩を読んだのではなかったろうか。

☆

唐の柳宗元（773〜819）の五言絶句「南磵《なんかん》の中にて題す」を引用して、草森紳一は「遊びの原型は、ひとり遊びである。ひとり遊びの典型は散歩である。」と断言する。いかにも、彼らしい言葉だと思う。

唐宋八大家の一人である柳宗元は、永州（湖南省）へ、十年にも及ぶ長き左遷となっている。

その時、「秋気　南磵に集う／独り遊ぶ　亭午《ていご》の時」と詠じた。「南磵」は風光明媚な谷で、傷心の柳宗元が愛した「散歩空間」であり、秋の気配が、谷川にどっと集中している。草森紳一は言う、「左遷後、どのくらいたってからの作かわからぬが、柳宗元は、この谷間を散歩している。たえず、監視を受けていたはずだが、散歩の自由はある。（中略）散歩の邪魔にはならなかったであろう。」と。「亭午」は、真っ昼間。連れ立つ友もいないが、『独り』といっても、わがうちの他人がいる。対話にこと欠かない。そして、なによりも、目に入ってくる自然の友がある。これが独り遊びの散歩の宿命で、かならずしも孤絶しているといえない。しらずうち足は、どんどん谷の奥深きところまで彼を運んでいく。」という草森紳一の鑑賞は、彼自身の「散歩」について語っているように見えないでもない。長き左遷に耐えられたのは、やはり、柳宗元が詩人だったからであろう、という感想をもらし、「とかく、詩人は、図太い」とも草森紳一は書きつけている。

それにしても、中国の古典（詩文）を、「訓読」という日本独特の「翻訳法」で読む「漢文」が、衰弱しつつも、曲がりなりにせよ今に続いていることは驚くべきことだ。

☆

晩唐の詩人・盧弼《ろひつ》（生没年不明）に、「李秀才の『辺庭四時怨』に和す」という四首の七言絶句がある。李という進士出身の官僚仲間が四首の楽府体詩（自由詩体）を作ったのに和したものだ。「四時」とは四季の意味で、「辺庭」は辺境の役所であり、そういう場所にずっといることを嘆く。同じ思いを、盧弼は「朔風雪を吹けば刀瘢《とうはん》に透《し》みる／馬に飲《みず》かせば長城の窟《あな》更に寒し」と詠ずる。舞台は万里の長城であり、異民族と戦う地。「刀瘢」は刀傷のことであり、外も寒いが、岩穴で軍馬に水を飲ませる洞窟の中も寒いと、やはり、辺境の地にいる自らの思いを訴える。

この句から、草森紳一が連想したのは、中学時代、野球部に入っていた時の思い出である。一年中、グランドに出て、来る日も来る日も練習をした日。まず、グランドの整備。つづいて、準備体操。そして、ランニング。その後に、ようやくキャッチボール。打撃や守備の本格的な練習の前に、そのような手順をキチンと踏まないと大ケガしてしまう。それは本人も承知していないではない。ただ、それが、退屈で、なお、辛いことでもあり、時に、監督もいなかったりすると、いい加減になったりする。冬なら緊張もするのだが、雪も溶けて、春の陽気だったりすると、つい、ダラダラとした練習になってしまう。ある日、草森少年は、キャッチボールで、「手首に鋭い痛みが走り、悲鳴をあげて」しゃがみ込む。大人になった草森紳一は、冬になり、その古傷が傷んだりすると、盧弼の七言絶句を思い出したりするわけだ。草森紳一は言う。「漢詩にはいろいろな楽しみかた」があり、全体ではなく、その中の「一句」だけを、「折につけ玉の如く掌中に転がして」楽しむ喜びもある、と。それは、必ずしも楽しい思い出でなく、古傷の場合でも、そうだと言うのである。

ああ、こうして読んいると、どこで終わりにしていいのか分からなくなる。

もったいないことだ。このまま『酒を売る家』という漢詩鑑賞本を埋もれさせてはならない。「草森紳一の漢詩鑑賞」とか、「草森紳一流　漢詩の読み方」とか、とにかく普通のタイトル名にして、新書か何かででも復刊してくれる出版社はないものだろうか。

詩人論　大手拓次の場合

『印象』を思い出す

ブログ〈その先は永代橋　草森紳一をめぐるあれこれ〉(2020/9/29)に、草森紳一が〝お気に入り〟の本だけに押したという、蔵書印付きの『大手拓次詩集』(岩波文庫)の写真がアップされた。

ブログの運営者・東海晴美氏によると、まだ北海道音更町の〈草森紳一蔵書プロジェクト〉へ送られていないダンボールに、大手拓次資料として、『詩日記と手紙　大手拓次遺稿』(龍星閣・昭和十八年)、松井好夫『大手拓次　人と作品』(一九六七年)その他と共に、その〝蔵書印付きの原子朗編『大手拓次詩集』(岩波文庫)〟があったことなども紹介されている。

当時、柴橋伴夫『雑文の巨人　草森紳一』(未知谷・二〇二〇年三月)についての書評を掲載した「季刊　詩的現代」33号を私が送ったので、それをご紹介いただいたのだが、同号に、私の〈大手拓次論〉も連載中だったのに絡め、草森紳一が大手拓次に興味を寄せていたことを連想されたのであろう。

一九九一年に刊行された岩波文庫の『大手拓次詩集』は、大手拓次がようやく一般的な評価の場に立ったことを意味し、たぶん、新刊本として購入したと思われる。『詩日記と手紙　大手拓次遺稿』は当然ながら古書店で買ったのに違いないし、高額だったことも言うまでもない。松井好夫『大手拓次　人と作品』は群馬県内で刊行されたものであり、大手拓次に特別な関心がない限り、手に入れることはなかろう。大手拓次関係の資料として、他にも何があるのか、大いに気になるところだ。いずれにしても、草森紳一は何らかのきっかけさえあれば、大手拓次についても書いたのではないか、と妄想したくなる。

草森紳一には、純粋な文芸評論集というものはないのだが、それに近いものとしてエッセイ集『印象』（冬樹社・一九七八年十月）をあげられる。帯の裏側には、同時期に刊行された、川本三郎『同時代を生きる「気分」』、清水哲男『ダグウッドの芝刈機』、平岡正明『歌の情勢はすばらしい』が、「好評既刊」として紹介されている。

その『印象』の中で、草森紳一は詩人について論じているのだ。高橋睦郎、鷲巣繁男、金子光晴の三人である。

まずは、高橋睦郎について、「高橋睦郎の顔は、私に孤《そむ》かない顔だ。楽しい顔である。パノラマ・

マンガを探検して歩くようないい気分を、逢っていて、いつも味わう。」と語る。これは親しい間柄でなければ、相手に誤解を与えかねない発言だろう。いや、親しかろうと、反発を招くかもしれぬ。

そのため草森紳一は、その文章の冒頭部で、紀元前三世紀のころの思想家・荀子の話から始めている。荀子といえば性悪説だが、それは「悪の賛美」ではなく、「偽」を身につけることが「人間の条件」であるという。つまり、生まれたままの素朴であってはならず、「礼儀」という「偽」を身につけなければならぬというわけだ。

そこから、「すこし飛んだいいかたになるのだが」と断りながら、「顔で人を判断するとはどういうことか」と話を続ける。

《『荀子』に、「非相篇」なる章がある。「相を非《うらな》とする」章である。人の「形色顔色」で、人となりを判断することはできない、と彼はいい切る。

「形相は悪しといえども、心術の善くして、君子となるに害《さまたげ》なきなり。形相は善しといえども心術の悪しければ、小人となすに害なきなり」と荀子は言うのだ。》

文中の「心」も「術」も、ほぼ「礼儀」と同じ意味であろう。確かに「すこし飛んだいいかた」かもしれぬが、良くても、悪くても、素のままの〈顔〉で判断すべきでないという点で、草森紳一の言いたいことは分かる。

そんなことは「あたりまえの話ではないか」と、草森自身もツッコミを入れ、「儒学の圏外へひとつも飛びだしていない」ことに触れながらも、政治思想だから、人々が性情のおもむくままに行動されたら困るのだとまとめている。

草森紳一は、身をよじっている。

草森紳一は高橋睦郎の〈顔〉というより、詩人そのものの〈顔〉を論じたいのではないだろうか。

その詩作品にふさわしい作者の〈顔〉などというものは、本来、ありえようはずもない。詩人は〈顔〉で作品を書くわけではないからだ。知り合いの詩人の詩作品を読む時、そこでその詩作品と作者との、何かズレのようなものを感じたりすることは、ままあることではないだろうか。

それにしても、知り合いなら、そのズレを少しずつ埋めることも出来るかもしれない。〈顔〉など知ることもなく、ずっと愛読していた詩作品の作者に、思いがけずに会ったりするとして、裏切られないことなど想像することも出来ない。写真が一般的になって、少しはそれが緩衝材になってはいるだろうが、それでも、写真とは少し違うとかいうことになりそうだ。

もちろん、それは詩人の場合だけではない。

草森紳一は、「顔から、相手の人間を垣間みようとする習性は、けっしてこの世からなくならない」とする。「正しいか正しくないか」ではなく、そういう判断癖がなければ「人は歩を進められない」ともいう。また、「人は、自分の顔をけっしてしりえない」ということもある。いずれにせよ、「人の顔は、ともかく面白い」という事実もある。顔と内面の呼応関係の「曖昧」さが、むしろ人々を助けていると、考えられるかもしれない。

J・P・サルトルにも「顔」(一九三八年十一月)という文章がある。「人間の社会では顔が君臨する。身体は奴隷で、二重三重に布でくるまれ、包み隠される」が、もしも、「彫像の社会」というものがあったとしたら、それはひどく退屈であろうと述べている。「頭脳」とかでなく、恐れや怒りをあらわす「顔」を前面に立てているのがおかしい。サルトルは、その恐れや怒りを、「戦争や不正、われわれの暗い激情、サディズムや恐怖政治」にまでつなげてみせる。

《……顔は、単に身体の上の方の部分というだけではない。身体とは一箇の閉じた形態で、吸取紙がインクを吸い取るように、世界全体を吸い込んでしまう。熱、湿気、光が、この多孔質の桃色をした物質の組織間隙を通して滲み込み、全世界が身体の中に突き入り、滲み渡るのである。さてここで、目を閉じた顔をとっくりと眺めていただきたい。まだまだ肉体の様相をしているが、それでも既に腹や腿とは違う。何かしらそれ以上のもの、貪婪な食欲がある。貪欲な穴が幾つもあいていて、近くにくるものをパクリとくわえてしまう。音が耳の中に入り込んでざわめくと、耳はその音を呑み込んでしまう。匂いは綿を詰めるように、鼻孔に詰められる。目のない顔というのは、それだけでは一匹の獣だ。船の船体に象眼で嵌め込まれ、水に漂う破片を引き寄せようと肢で水を掻きわける、ああした獣の一種である。しかし今や目が開き、目差しが現われる。事物は慌てて跳び退く。目差しの後に護られて、耳や鼻などの、顔に穿たれた全ての淫らな口は、匂いや音を陰険に嚙み砕き続けるのだ。しかし誰もその危険に気付かない。目差しとは顔の中の貴族である。何故なら、それは世界を遠く離れたところから支配し、事物をそれがある当の場所に於て徴集（知覚）するからだ。》（石崎晴己＝訳）

もちろん、『存在と無』の第二部にある〈まなざし論〉と呼応するような内容なのだが、文学的な比喩が楽しい。最近は古書店でさえ、あの、うすい黄色のサルトル全集を見ることはなくなったが、右の「顔」は増補新装版『実存主義とは何か』（人文書院・一九九六年二月）に収録されている。

草森紳一は、結局のところ、高橋睦郎に「豺狼《さいろう》の吠えるがごとき顔」を認める。山犬と狼である。そのように、残酷で欲深い人であり、むごたらしいことをする人の比喩である。もっとも、それは人間の〈顔〉そのものかもしれない。

草森紳一は、高橋睦郎の詩集に描かれた、横尾忠則の絵を見て再認識したようだ。表紙が高橋睦郎の後ろ姿で、裏表紙が「歯をむきだしている」彼の、「奇抜な肖像画」なのだという。いや、私も、その詩集『眠りと犯しと落下と』（草月アートセンター・一九六五年）を、ガラスケースの向こう側に見たことがないではない。

草森紳一は、その詩集に触れるよりも、李賀（李長吉）の詩句に絡めて、あれこれ論じたあげく、「豺狼の人を喰うような面貌」が「滑稽味」を増すところに、高橋睦郎の〈顔〉があるものの、彼の詩句にはそれがないと述べる。それが良いのか、悪いのか、草森紳一の文章の論旨を追うのは、一筋縄ではいかぬが、高橋睦郎の小説について論じた別の文章では、次のように言う。

《詩文は、結局は、滑稽なものである、でなければならぬ、という考えが、私の心持ちとしてはある。

しかし肝腎な厳粛の時には、不謹慎にも笑ってしまう、という生理癖が個人的にはあるのだとは、まずさきに言っておかなくてはならない。》

ここでも、それは高橋睦郎の詩文に限ったことではないと草森紳一は言い、やっぱり李賀もそうだとするだけでなく、カフカもそうだし、ランボーもそうで、「彼等の声は滑稽であり、時にはその声調に、気持よくのせられてしまう」と述べる。よく分かる。逆に、ゴーゴリーのように「人間の滑稽を抉出しようとして向う、そういうしたたかな視線」には、「私は笑いを催さない」というのも納得できる。

《唐の司馬貞は、『史記索隠』において「滑稽」なる語を、「按ずるに、乱なり」としている。「滑」も「稽」も乱の意としている。乱は、乱れである。なんの乱れか。

それは人間が、物を考えるという乱れであろう。物の考えかたの乱れではなく、どのように論旨一貫していようと、矛盾が渾然一体としていようとも、物を考えることそのものが乱れであるということなのだ。》

ここまで来ると、草森紳一の〝意志的な「雑文のスタイル」〟の秘密が明かされているようで興味深いし、わくわくしてしまう。草森紳一は「文学者は、出発からどうしたって、『人間』という大袈裟に立ち向わなければならぬ」などとも言う。「大袈裟」などという風に「人間」をつかまえるところが草森的で楽しい。草森紳一は、その「大袈裟」に対して、「滑稽」で切り返してみせるわけだ。

《人間とはなにか、宇宙とはなにかをつきつめていくことが、人間のとりみだしだと認めるにしても、しかしやはり人は、人間とはなにか、宇宙とは何かを考えることなしには、生きていくことはできない。

文学の行為が、人の乱れだとしても、文学はやむことを知らぬのは、そこからくる。》

何とも、まっとう過ぎるぐらいに、まっとうな考えではないか。ただ、「人間のとりみだし」を前提としているところが、一般的な思考と回路が逆になっているのかもしれない。

詩文は、その「大袈裟なポーズを、流麗冗舌の衣の下にもたざるをえない」ので、「滑稽でなければならぬ」というわけだが、今や、詩人も文学者も「滑稽」たることを止めてしまっているのではないか、と草森紳一は疑義をはさむ。

何とも〈顔〉の話が、あちらこちらを歩き回りながら、「滑稽」にたどり着いているのが楽しい。たぶん、草森紳一が大手拓次を論ずるにしても、あのいかにも詩人風の写真から始めて、「滑稽」へ向かったことだろう。

二人目の鷲巣繁男の詩論集『呪法と変容』から、草森紳一が読み取ったのは〝仮構の「我」〟である。

《「私」である私が、ことさらに「私」と言う時、そこには確信と責任の覚悟というものがあるのだが、実は確信したり覚悟したりするほどに、その「私」とは、不安にさらされたなんら根拠のない存在であることの証左ではあるまいか、という事実に、遅まきながら気づきはじめていたからでもある。

根拠がないからこそ、「私」と自らにおびえるかの如く言いきかせているのではないか。「私」である私が、あえて「私」と呼ぶ時、そこには病根の影がある。》

例によって、草森紳一は李賀の話になるが、それには触れない。その李賀の詩の引用の後、それに絡めて、鷲巣繁男における「私」も、そもそも〝自称たる「私」〟ではなく、この「私」は、「彼であり、貴方であり、我々であり、時としては、人間であり、神であり、地球であり、宇宙であり、生きることとは、であり、死にいくものとは、でもある」としている。つまり、「呪法が封じこめられていた」というわけだ。

三人目の金子光晴に対しては、ある種の親近感を抱いていたのではないだろうか。

《金子光晴の文章を読んでいて、裏切られることのないのは、「誰にも気兼しない詩をかくことは、誰にも気兼しないで生きるのと同じく難しいことだ」という放蕩の志が、肉走り血走っているからであり、金子光晴という官能的実在が、眼前に立ちはだかるからである。気兼しないで生きる、生きたい、生きようとすることの延長の中に、彼の文章の行為も含まれているからである。》

何よりも、びっくりするのは、草森紳一がここでは李賀に触れないことだ。たぶん、草森紳一の〝意志的な「雑文のスタイル」〟とよく響き合っているからではないだろうか。

とは言え、草森紳一自身には「肉走り血走っている」ところなどない。その「放蕩の志」にはまんざらでもないにしても、草森紳一の文章は「官能的」ではない。

草森紳一は、右の引用に至る前に、宋の謝枋得《しゃぼうとく》の編した『文章規範』をとりあげ、そこで、文章が「小心文」と「放胆文」という二つに分類されていることに触れる。「放胆文」は、「修辞に拘泥することなく、胸襟を広く開いた、大胆にして自由な文章」だという。まあ、金子光晴の文章のスタイルに近い。では、「小心文」は否定されるべきものなのかというと、その反対だと述べる。謝枋得は、「文を学ぶものは、まず放胆文からはじめ、のちに小心文にいたるべし」としているという。さらに、「おおよそ文を学ぶものは、はじめは胆《きも》の大なるを必要とするが、最後に、心の小なるを必要とする。粗大であることから細微に入り、卑俗より雅致に入り、繁雑より簡潔に入り、豪蕩より純粋に入っていくべきである」と謝枋得は教えている。さもありなん。確かに、そうであろう。草森紳一の〝意志的な「雑文のスタイル」〟は、その先に「小心文」を見据えているからこそ、〝凄い〟のだと言っておきたい。

まず「放胆文」を学ばなければならないのだが、その先を見失ってはならないということだ。草森紳一も引用している、金子光晴の言葉を掲げておこう。

《誰にも気兼しない詩をかくことは、誰にも気兼しないで生きるのとおなじくむずかしいことだ。
他人を感動させるような芸術はつくりたくないものだ。
どんなに立派なものでも、感動させることはハラ黒いことだし、感動している人間は気の毒だ。情熱など気がるに湧かすものではない。無条件になにかを押しつけてくるからである。》
（身辺雑感・「小記」）

草森紳一は金子光晴に「裏切られること」はない。その「放蕩の志」に反対することもない。ただ、草森紳一は「恥ずかしいことながら、放胆にもなりきれず」、「先走りの警戒心と心細さがたゆたう」。その先の「小心文」が見えるせいなのだろう。この辺りに、彼の迷いも素直に語られている。やはり、金子光晴の「光彩ある文の太々しさ」に、あこがれもあるのであろう。
少し余分なことになるかどうか、小林秀雄が「現代文章論」という文章で、現代では「美文の蔑視が文章というものの蔑視に進んでいる」と嘆いていたことを思い出した。小林秀雄は、美文などやらない方がよいとしながらも、「多くの文学者が巧みに書こうとするより正確に観察しようとしている」が、それでいいのかと述べる。「心にもないことを書かぬという覚悟はよい」として、それでは「ことばは考えを現わす単なる符牒だという考えに陥る」というわけだ。その文章に、その筆者自身の個性的な、何か生命のようなものが必要ではないか、などとあからさまに言わないところが小林秀雄らしい。彼はただ、文章というものは「心に思ったことをそのまま書けばいい」というような「やさしいものではあるまい」と言うだけなのである。

金子光晴にあこがれながらも、草森紳一は身をよじる。

《「仲尼《ちゅうじ》は羽を飾りて画《えが》き、徒《いたず》らに華辞《かじ》を事とす」と荘子は、顔闔《がんこう》の言を借りて非難した。仲尼とは孔子のことである。「殆《あや》ういかな殆ういかな」とも顔闔は言った。孔子というやつは、もともと優麗な鳥の羽に、なおも絵具を上塗りして、華辞を弄する男だ、こんな奴に国家をまかせるのは、危険だと否定したのである。

これにたいして、劉勰《りゅうきょう》は、(中略)、顔闔の説を「聖文の雅麗なるは、固《もと》より華を銜《ふく》んで実《じつ》を佩《お》ぶる者なり」と一蹴している。

しかし私は劉勰の説を採りながらも、なお顔闔の説にも、迷うものである。》

ここでは、顔闔や劉勰については、細かく立ち入らない。それは、荘子と孔子との対比でもある。異端と正系とも言い換えてもいいが、ぴったり相似形を描いているわけでもなく、いささかのズレもある。まあ、そこが面白い。ただ、劉勰の言葉には、少し説明がいるだろう。彼は「この世のあらゆる存在には、文彩がある」というのである。虎や豹にも、輝かしい文様があるし、雲や霞にも色彩が彫り込まれているのだから、まして、人間が文彩をもたないはずがないという論法である。

草森紳一が金子光晴の「光彩ある文の太々しさ」にあこがれ、さらに、その色彩の文様に飲まれるような思いでもあったのであろう。草森紳一は言う、「文章の文とは、文様のことである」と。草森紳一は、金子光晴の『どくろ杯』の感想として、「人の目を奪うような文様を拒絶しているようなところ」があり、「視覚的文様を剝ぎ落とした文様というより、むしろ音声の模様というべきものを、文中に響かせていた」と論評している。

草森紳一が劉勰の説にうなずきながらも、顔闔の言を捨てがたいとするのは、「放胆文」の先にあるべき「小心文」への思いがあるからであろう。草森紳一が「放胆になりきれず」と迷い、くすぶるのは、その誠実さゆえなのである。その〝意志的な「雑文のスタイル」〟が「放胆文」そのものでないのは、「小心文」への変貌を秘めているからではないだろうか。

さて、草森紳一なら大手拓次をどのように語っただろうか、という妄想を抱きながら、三人の詩人の文章を読んだわけである。たぶん、まず最初に、大手拓次の〈顔〉についてあれこれ述べたことだろう。次に、その作品における〝「私」の虚構性〟に触れ、最後に、大手拓次の「文様」というべき、詩そのものを論じたのではないだろうか。

大手拓次は同時代では受け入れられなかった詩人であり、生前に一冊の詩集を持つこともなく、おそらく今でも、ただ風変わりな存在としてしか認識されていないのだろう。〝白秋門下の三羽烏《がらす》〟などと言われながらも、室生犀星や萩原朔太郎と同じ舞台で論じられることもない。ただ、そのグロテスクな空想と性欲を描く特異さによって、敬して遠ざけられているだけである。

草森紳一なら、その大手拓次の〈顔〉から「滑稽」を取り出し、その〝「私」の虚構性〟を分析し、その詩の「文様」をあざやかに論評してくれたかもしれない。

わたしはきものをぬぎ、
じゆばんをぬいで、
りんごの実のやうなはだかになつて、

ひたすら法性《ほふしやう》のみちをもとめる。
わたしをわらふあざけりのころ、
わたしをわらふそしりのころ、
それはみなてる日にむされたうじむしのころである。
わたしのからだはほがらかにあけぼののへはしる。
わたしのあるいてゆく路のくさは
ひとつひとつをとめとなり、
手をのべてはわたしの足をだき、
唇をだしてはわたしの膝をなめる。
すずしくさびしい野辺のくさは、
うつくしいをとめとなつて豊麗なからだをわたしのまへにさしのべる。
わたしの青春はけものとなつてもえる。

大正前期の『藍色の蟇』時代の詩「法性のみち」の全行を引いた。最後の一行の通俗さに目をつぶれば、大手拓次らしくて良い作品だと思う。周囲の人々に笑われ、誹られるという構図は、萩原朔太郎の詩にも見られるし、ことばの柔らかさは室生犀星との同時代性を感ずる。なお、萩原朔太郎の悲愴に比べて、その不思議な明るさを、室生犀星の情感に対して、その柔らかなエロスを、大手拓次に認めないわけにはいかない。

ながれるものはさり、
ひびくものはうつり、
ささやきとねむりとの大きな花たばのほとりに
しろ毛のうさぎのやうにおどおどとうづくまり、
宝石のやうにきらめく眼をみはつて
わたしはかぎりなく大空のとびらをたたく。

同じ時期の、詩「母韻の秋」の全行である。間違いなく、佳作と言うべきであろう。最後の一行に、大手拓次のまっとうさを感じないわけにはいかない。彼の「滑稽」さも、彼の〝「私」の虚構性〟も、その素直さも、そのグロテスクなまでのエロスも、異端ではなく、正系と言うべきなのである。結局のところ、「大空のとびら」は開かれることがなかったが、大手拓次は、今でも「かぎりなく」たたき続けているのではないだろうか。

先年、私が『大手拓次の方へ』(土曜美術出版販売・二〇二一年十一月)をまとめたのは、その、たたく音を聞いたからだが、「大空のとびら」はまだ開かれていない。人々は大手拓次などという詩人のことを、ほとんど知りもしないのだ。同じく、草森紳一も「かぎりなく」たたき続けているようにみえる、その「大空のとびら」を。

夢の方法　島尾敏雄の場合

『夢の展翅』を思い合わせる

夢を扱かった伝承や説話、小説など、数えあげればきりがないだろう。とは言うものの、夢というものに対して、私たちの考えを大きく転換させた〝文学的な作品〟として、明治四十一年（一九〇八年）の『夢十夜』をあげないわけにはいかない。不思議な話としての〈夢〉と、夏目漱石の『夢十夜』との間には大きな裂け目があるのではないだろうか。

漱石の『夢十夜』は、彼自身の『吾輩は猫である』や『坊っちゃん』と比べて、当然のことながら異質であり、さらに、前期三部作（『三四郎』『それから』『門』）とか、後期三部作（『彼岸過迄』『行人』『こころ』）などと呼ばれる小説群を考える上でも、私たちに様々な反省を促すような作品だと言えるだろう。細かなことを言えば、小説『坑夫』の次が『夢十夜』であり、その後が小説『三四郎』という執筆順となる。そもそも『坑夫』や『夢十夜』が多くの研究者に論評されるようになったのも、それほど昔のことではない。伊藤整が『夢十夜』に

〈人間存在の原罪的不安〉を見てから、ようやく他の研究者も『夢十夜』に〈生〉の不安の原型を指摘し始めたということではなかったろうか。

結局のところ、人間の存在そのものが〝宙ぶらりん〟であり、私たちは、生まれる前のことも知らなければ、死んだ後のことも分からず、ただ、その途中で〝生きている〟だけだということを、『夢十夜』を媒介とすることによって、改めて気づかされたようにも思う。

漱石が、意識的に〈夢〉をモティーフ(題材)にしたことの意味をあれこれ考えてみたくなるが、〝フロイト「以後」〟の現在では、それを素手で扱いようもない。『夢十夜』がフロイトの『夢判断』(出版一九〇〇年)などと無縁なところで書かれたことに驚きがあるものの、〝同時代的な何か〟をそこに感じないわけにはいかない。ちなみに、日本で『夢判断』の翻訳が出たのは一九三〇年だという。

一般的にはフロイト(1856～1939)をとりあげるべきだろうが、ここでは、フロイトの後継者と目されながら、彼を批判的に受け継いだユング(1875～1961)の考えの方を見ておく。

《私はこれまでに幾度か、まさにその精神的健康に対して医師が疑いをさしはさむ余地の全然ないような人々の口から、実に不思議な夢や幻像について聞かされている。神話類型の体験はしばしば最も個人的な秘密としてこっそり胸に懐《いだ》かれることがあるが、それというのも人はそれによって何か内心深いところを撃たれたと感ずるからなのだ。それは心的非我の一種の原経験、それとの折衝へと人を促すところの内的反対物の原経験なのである。そんな場合、人は好んで、役に立ちそうな類似経験を探し求めるものだが、そのために本源的な出来事が曲解されて、借りものの諸観念で割り切られてしまうということが煩雑に起こるのである。(中略)代用品は人間の影を薄くし、人間を非現実的にする。代用品を使う人間は、生きた現実の代わりに空虚な言葉を置き、そうすることによって対立の苦悩から抜け出て、一切の生ける創造的なものがしぼみ枯れるところの色褪せた二次元の影の世界の高みへと昇って行くだけのことである。》

(C・G・ユング『無意識の心理』(人文書院・一九七七年七月)高橋義孝=訳)

ユングは、同じ本の別のところで「無意識が、茶飲み話の話題になるような何か他愛もないものだと思ったら大間違いである」と注意している。この「無意識」は「夢」のことでもあろう。それは「曖昧で不透明だが、人間のようにずるくはない」とも言い、次のような「無意識」についての記述も、重要な指摘かもしれない。

《無意識は時を問うことなく活動していて、未来の使命に奉仕する様々な材料を色々に組み合わせる。無意識は（意識と同じように）識閾《しきいき》（意識の境界——引用者）下の、将来の組合せを作り出す。ただそれらの組合せは、意識が作り出す組合せに比して、微妙度や適用度において遥かに勝っている。》

文中の「微妙度」や「適用度」は熟していない用語だが、まあ、意味は分かる。研究者の、幾つかの『夢十夜』論には、ただ「夢」や「無意識」の〝絵解き〟だけのものがあったりして、がっかりもするが、漱石自身は、ことさらに〈夢〉を書くことで、自らの内面に向かったわけであろう。自らの〈生〉そのものを扱ったと言い換えてもいい。たとえば、『夢十夜』の第三夜で、作中の「自分」が、不意に「おれは人殺しであった」と気づき、「背中の子が急に石地蔵のように重くなる」という風に、「倫理」が問われるのは、そのためであろう。作中の「自分」が本当に犯罪にかかわったとか、そういうことでなく、人が生きている限り、多くの人々やものごとと関係するしかなく、どこでどう間違いが起こるか分からないということであろうし、そもそも、人間は多くの命を糧として、自らの命をつないでいるのだから、自らの内に罪の意識を見つけることなど、むしろ、たやすいことだと考えられる。人間はどんな風にも生きられるが、どこに意味を求めたらいいのか、もしくは、多くの間違いを犯しながらも、それでも生きていくためにはどうしたらいいのか、――私たちの内面には、いつでも、そういう問いが渦巻いているのではないだろうか。

さて、島尾敏雄の場合は、どう〈夢〉に向き合ったのであろうか。

《『夢の中での日常』のあとがきで、島尾はこの短篇群は人間の夢の部分についての研究と言えなくもない、とひかえ目に語っているが、どうして研究などという悠長なものではない。かれはほとんど何の武装もせずに現実の事件にぶつかるように夢にぶつかる。》

吉本隆明が「近代文学」（一九五六年十二月号）で書いた書評文の一節である。こういう島尾敏雄の小説群（「孤島夢」「摩天楼」「石像歩き出す」「夢の中での日常」「勾配のあるラビリンス」等々）を読むと、夏目漱石の『夢十夜』でさえ、ごく普通の小説のように思えてくるから不思議だ。どれほど不自然で、脈絡のない出来事が起こるにしても、『夢十夜』には、くっきりとした世界があったように見える。それと比べると、島尾敏雄の場合、すべてが意味もなく溶けてしまっているような気さえする。現実そのものが〈夢〉に入り込んで来るような場面でも、どうにも手ごたえを感じない。とは言え、『夢十夜』のような作品を前提としなければ、島尾敏雄の「ほとんど何の武装もせずに現実の事件にぶつかるように夢にぶつかる」小説はありえなかっただろうとも思う。いや、島尾敏雄の場合は、直輸入の、シュールレアリスムの影響の方が大きいかもしれない。しかし、それに同意するにせよ、日本語で小説を書く以上、『夢十夜』を意識しようとしまいと、それを読んでいようといまいと、やはり、それは前提条件となるのではないだろうか。

本来は、島尾敏雄の文学を考えるためには、たとえば戦争体験、夢、それに病妻ものの作品系列に分けて論ずるべきかもしれない。もちろん、それらは判然と区分など出来ないにしても、アプローチはしやすい。具体的なこととして、島尾敏雄の戦争体験を外すことは出来ないし、戦後の病妻ものの作品は三島由紀夫を恐怖せしめるほどのインパクトを持っている。ただ、それらの底に、出征前に『幼年記』(私家版・昭和十八年九月)七十部限定を刊行するような文学的意識があり、それは〈夢〉のもんだいにこそ通底しているように見える。

ほるぷ出版の『夢の中での日常・死の棘』(一九八五年八月)という選集の「解説」(命とかかわる文学)で、小川国夫は次のように書いている。小説「夢の中での日常」の発表から二十五年後の、島尾敏雄との会話だという。

《私（小川国夫――引用者）は言った。夢というものには、自由と不自由が極端な形をとって現れますね、たとえば、たった三メートルの距離をどうしても歩ききることができないことがある。そうかと思うと、三千キロの距離を、伝馬空を行くように、たった三分で行ってしまうことがある。夢には呪縛と解放がありますね。私がそう言うと、島尾敏雄は応えた。夢には解放だけがあるのではないでしょうか。たとえば、あなたの言われた、三メートルの距離をどうしても歩ききることができない状態、これは不自由のように思えますが、現実にはそんなことはあり得ないわけで、普段はできないことができるのですから、これも自由でしょう。》

小川国夫は「島尾敏雄は常識を超えている」と驚き、自分は「夢を現実の附属物」と考えているので、「夢に現実の判断を当てはめよう」としたと反省する。さらに、「悪夢さえも一種の自由と見なすことのできる境地」に恐れ、島尾敏雄を仰ぎ見ている。ちなみに、講演集『葦の言葉』（筑摩書房・一九七八年十二月）所収の「超現実主義」では、右のことが、さらに詳しく論じられているので、そちらの方を引用すべきだったかもしれない。

島尾敏雄が「早稲田文学」（一九五九年五月号）誌に、「夢をきたえる」（後に「小説の素材」と改題）という題名で発表したエッセイの冒頭は「夢の経験だけが、そこから書くもののたねを気兼ねなく、ひろってくることができる、と長いあいだ思っていた。」と始まる。「私は眠りさえすれば、夢を見」るとも述べている。

《……夢をみると、広い世界に放たれたと思い、多くの、表現しなければならぬものの素材を与えられている自覚に歓喜した。夢の中での行動は、無制限に放縦であるわけには行かず、むしろ、透明だが突きやぶれない規矩の壁があるために、たびたびそれにつき当っては内がわにまくれこんで展開しなければならないが、事件の進行や人間のかかわりあいは、いつわりが無くて、すがすがしい。》

島尾敏雄はただ「多夢」というより、その〈夢〉によって、「眠りのない現実の中でも辛うじて自分を支えることができた」とも、同じ文章で分析する。〈夢〉は「無制限」ではなく、「規矩の壁」につき当たって「内がわにまくれこんで」などという考察も興味深いし、「いつわりが無く」というのはユングの指摘のとおりで、「すがすがしい」という感想につながり、彼の〈夢〉

に対する思いがよく示されている。

当然のことながら、そういう島尾敏雄の場合、その、〈夢〉の調教作業は、やがて小説という枠にあてはまらなくなってしまったのではないか。——これが、私の仮説である。

島尾敏雄の場合、『夢の中での日常』などに収録されている小説だけでなく、その後、もはやジャンルとして分類しようもない、〈夢〉についての文章を『記夢志』（冥草舎・一九七三年一月）とか、『夢日記』（河出書房新社・一九七八年五月）として刊行している。その関節を外された〈夢〉の記録を、さて、私たちはどのように読むべきであろうか。

《未知の人から手紙。中に雑誌の破りはしがはいっている。小説の一部。主人公に島尾の名がついている。犯罪に関係し、当事者（加害者）のよう也。活字うすくよく見えぬ。島尾敏雄の小説との関連など暗示されている。

いじくりまわしているうち次第に判明してくる。殺人事件也。環境に追いつめられ、殺人に加担していたらしい。それをその縁者（娘か？）が書いている。その小説の作者は、即ち手紙差出し人で女也。中村某というが旧姓は藁井（ワラガイ）だという。藁井は曾祖母のキンがあとで生んだ子ども也。》

まるで、『夢十夜』第三夜のような話だと、とりあえずは言ってもいい。「殺人事件」に関係しているという不安は似ていないでもないが、それを漱石のように自ら存在に結びつけようという意図はない。いや、曾祖母などのことは、漱石における「父母未生以前の本来の面目」の思いと同じかもしれぬが、それを掘下げないところが島尾敏雄の〈夢〉の特質であろう。たぶん、見たままで放置しているということだ。『夢日記』の昭和四十七年一月十六日の前半部分から引いた〈夢〉である。くっきりとしているともいえるが、どこへもたどり着くことはない手ごたえのなさは、やはり『夢十夜』とは異質であろう。

この「藁井」という名が実在する人かどうか知らない。実際のところ、島尾敏雄の場合、〈夢〉の中に現実の人がずかずかと上がり込んでくる。埴谷雄高や吉本隆明、奥野健男や井上光晴、小島信夫や吉行淳之介、安部公房などという文学者を始めとして、多くの実生活における関係者が歩き回り、あれこれと島尾敏雄に話しかけてくる。もちろん、ミホ夫人や子どもたちは、彼の〈夢〉のレギュラーだ。小説『出発は遂に訪れず』の作者だから、戦争や世界の終わりに絡んだ〈夢〉も多い。『記夢志』の、昭和三十八年一月二十日の〈夢〉では、せっかく「極限的状況ことなどしゃべろうと構えている」のに、肩すかしを食らったりもしている。次に引用するのは、『夢日記』四十九年十一月十六日の〈夢〉である。

《或る温泉場。いくつもの湯船があった。大浴場や、小人数ではいる湯船や家族風呂。それが迷路のように配置されている。大浴場も一つだけではない。その一つにつかる。たくさんの浴客がはいっている。湯のあつさは適度で快し。幸福也。他の湯船を見て歩く。小人数のための湯船は陰気ではいりたくない。やはり大浴場がいい。ぐるっと廻ると外に出てしまう。野天の大浴場があった。少しぬるい。一種の香ばしいにおいが立ちこめている。中で放尿した。勢いのないのが寂しかったが放出の快さがあった。広い広い湯船の中にたったひとり。湯は滝のように流れ入り流れ出て行く。屋内のあつい湯にはいりたくてもどって行った。洋服を着け靴をはいている。湯をさらえた大浴場の湯船にたくさんの人がはいっている。女学生たちも居るが、みんな洋服を着ている。ぼくもはいる。早くあつい湯が来ればいいと思う。向こうの隅からものすごい勢いで湯がはいって来た。ぼくの寄っかかっている方にも流れて来た。洋服は着たままだ。早くいっぱいになればいいと思う。だがすぐ止まってしまう。今から湯船の掃除をするからみんな出ろと言っているようだ。とても残念に思った。ぞろぞろみんなあがってしまう。心残りでぐずぐずしていると、もう二、三人しか居なくなった。》

まるで、つげ義春のマンガのような情景である。いや、話は逆かもしれない。つげ義春には、井伏鱒二とか、多くの小説に影響を受けたと思われるようなマンガもあるので、そこには島尾敏雄の影響もあるのかもしれない。実際のところ、マンガの中で梶井基次郎を始めとして、宇野浩二や川崎長太郎、葛西善蔵や坂口安吾などに触れているし、太宰治や谷崎潤一郎、嘉村磯多の他、ポーやスタインベックも、つげ義春は読んだようでもある。また、つげ義春の担当・編集者が島尾敏雄へマンガを寄贈したらしい。

そうだ、文芸雑誌「海」では、つげ義春と島尾敏雄の対談もあったはずだと思い出すまで、ずいぶん、時間がかかった。とは言え、後に、島尾敏雄の対談集『内にむかう旅』(泰流社・一九七六年十一月)に収録された、その対談を読んでも、影響関係はよく分からない。とても話上手と言えない二人の、独白が積み重ねられているだけなのだが、互いに作品を読んでいることは分かる。つげ義春は、島尾の「単独旅行者」が一番好きで、「死の棘」や「日を繋げて」などの一連の作品も好きだという。島尾敏雄も、つげ義春のほとんどの作品に目を通しているらしい。その対談を改めて読んで、少し収穫だったのは、つげ義春が「小説では井伏鱒二が大好きです」という言葉とともに、前にあげた梶井基次郎以外に、梅崎春生や椎名麟三なども「よく読みました」と言っているところだ。文学的な感性の源流がたどれるような気がする。

私の記憶に誤りがなければ、つげ義春が『全集・現代文学の発見』（學藝書林）を手にしていたという話を何かの文章で読んだ気がする。全十六巻と別巻の内、どの巻を指したのか分からないものの、埴谷雄高「虚空」まで出ていた気がする。別巻には古井由吉「先導獣の話」が収録されていたので、その当時は有名な全集であった。まあ、つげ義春と島尾敏雄の、どちらがどちらにという影響でなく、〝同時代的な何か〟がそこにあったとも考えられる。つげ義春の不条理で、「芸術」的なマンガが人々に受け入れられたように、島尾敏雄の『記夢志』や『夢日記』も読まれたと言うべきだろうか。

それにしても、絶妙な作家の選択である。

実は、松原新一に『「愚者」の文学』（冬樹社・一九七四年六月）という文芸評論集がある。宇野浩二、嘉村礒多、葛西善造、近松秋江、岩野泡鳴、徳田秋声、耕治人などを対象として、松原新一は「自分でしでかした大きな誤ちがはらんだ人生を根拠としてこそ、はじめてみずからの文学をつくりだした」という風に、それらの作家を分析し、「誤ちとひきかえにしてうみだされた文学」と論じているのだ。もちろん、つげ義春の少年時代の貧困にしても、島尾敏雄の戦争体験にしても、彼ら自身の「誤ち」ではないのだが、過酷な実生活と、その人生を「根拠」にしてしまう感性の構造は、驚くほどに〝「愚者」の文学〟者たちに似ている。

話を戻そう。

右の、島尾敏雄の〈夢〉からは、「広い世界に放たれた」ような、やすらぎの感覚を読み取ることが出来よう。島尾敏雄のエッセイにある通り、「すがすがしい」ということかもしれぬ。関節は外されているものの、わかりやすい〈夢〉ということになろう。わかりやすいものの、どのような意味づけもなく、すべてが投げ出されたままである。不条理というより、何かが許されているという幸福感の方が強い。

ところで、草森紳一に『夢の展翅』（青土社・二〇〇八年七月）という著作がある。それを読みながら、もし草森紳一が島尾敏雄を論ずるとするなら、島尾敏雄の〈夢〉について語り始めるのではないかと考え始め、島尾敏雄の場合の〝夢の方法〟について触れるためには、せめて夏目漱石の『夢十夜』ぐらいは前提として見ておくべきだと思い直し、冒頭部分が漱石の話になってしまったのである。

もっとも、草森紳一の『夢の展翅』は自身の〈夢〉の話から始まるものの、途中から、やはり「李賀の夢の詩」の話になってしまう。本来的には、〈夢〉そのものについて語ろうとしたのではないかと思うが、どうしても「李賀」から逃れられないところが彼らしい。ここでは、草森紳一の〈夢〉だけを扱いたいのである。いや、草森紳一の〈夢〉に対する基本的な姿勢を見ておきたい。

それにしても、草森紳一の本の中で、もっとも美しい書名ではないだろうか。

冒頭から、草森紳一が見た〈夢〉の話が始まるのだが、ふいに、筆者である草森紳一が顔を現し、「これは、二ヶ月ほど前に私が見た夢の一部だ」と言い出す。「続きがあるのだが、いったん筆をとめ」、自分は「ずっと夢の記録を続けている」と告白するので、びっくりする。

《私は大学一年生のころから、この老年にいたるまで、ずっと夢の記録をつづけている。われながら感心している。ご苦労さんのこったと、呆れている。その採取した数、いかほどになっているか、調べてみたこともないが、おそらく膨大のはずである。読みかえしたこともないのだから、採取のしっぱなしである。一生、読みかえすかどうかもわからない。

ここ五十年、ことさらにそれを取りだして、分析したり、解釈を試みたりしたこともない（正確にいえば、嘘だ。半年ほど、わけあってノートをつくった時期がある。それだけだ）。夢を記録しはじめたころ、すでにフロイドを読んでいたし、ユングの五巻本の翻訳も読んだが、途轍もなく分析や解釈が愚に思われ（理由は、ここに書かないが）、夢は見たままに（たとえ記録しても）ほうりっぱなしにしておくのが、最善のように感じられ、以来そうしている。》

草森紳一の、この言葉に触れ、これこそ、まさに島尾敏雄の場合の〝夢の方法〟ではないかと目を見張ったのである。島尾敏雄は『記夢志』や『夢日記』で「記録」してはいるものの、「見たままにほうりっぱなし」にしている。その意味を草森紳一に教えられたような気さえした。

ユングの五巻本は『ユング著作集』（日本教文社）であろう。私も読んでいるが、そこには、草森紳一のような発想はない。「私にとって夢が大切なのは、むしろ、とり逃がした時で、なんだったんだろう、なんだったんだろうと、しばし考えこんでいることそのものなのだ」というのが、いかにも草森紳一的である。

《夢をメッセージとして捉え、答えを求め生きる指針とするのは、不毛の所為である。今日の夢、なんだったんだろうと、ひっこんでは消えるイメージの断片をあれこれいじくりまわしながら、えい、もういいとついにあきらめて起ちあがる時こそ、わが夢は、迷える私の生きかたに深く関与していると確信している。記録しえたものは、それにくらべれば、「夢のかす」なのだ。「夢

消失」こそが、真の「釣果《ちょうか》」だ。展翅された蝶の入っている箱が、蝶の文様のデザイン帳でしかないのと同じだ。》

つまらぬ〝絵解き〟などとは無縁なところがいい。ユングが「曖昧で不透明だが、人間のようにずるくない」と〈無意識〉を語るのと似ている気がしないでもない。島尾敏雄の場合も同じように、「いつわりが無くて、すがすがしい」と述べていたことを、改めて思い起こす。草森紳一も充分に〈夢〉の重要性を感じているのだ。できれば、島尾敏雄の『記夢志』や『夢日記』のように、草森紳一の「夢の記録」も刊行されればと思うが、まずは、それが残されているのか知りたい。そうすれば、島尾敏雄の場合の〝夢の方法〟を、さらに深く論ずることができるかもしれない。

とは言え、今はただ、せめて草森紳一の〈夢〉の扱い方だけでも見ておきたい。それが島尾敏雄の場合の〝夢の方法〟そのものであると思われるからである。

島尾敏雄同様に、「多夢」であると自ら言う草森紳一は、〈夢〉を捉えるイメージを「蝶の採取」と重ねて描写している。彼には、蝶の採取についてのエッセイもあるので、実感のある美しい比喩になっている。

《蝶の採取は、夢の採取とすこし似ているところもある。蝶を追っている時の、あっち行ったり、こっち行ったり。とりとめもないわが妄想の動きが好きだ。蝶を追いながら、一方ではわが妄想に身をまかせるのである。一心不乱、我を忘れて蝶を追うといってみたところで、心のほうは、からっぽというわけではない。妄想の迷路の中を懸命に（自動的に）さまよっている。それがしこたま充実したいい気分なのである。まあ、蝶もひらひら舞っているが、わが妄想のほうも縦横無尽にひらひら舞っている。無の網の目で出来た白いネットを手に握りしめながら蝶を追っているが、妄想のほうは追う必要もない。妄想を採譜する気はないのだから、勝手に泳がせておけばよいわけで、だからといって蝶を追う心がおろそかになることはない。》

いやいや、「夢の採取」が「蝶の採取」と似ている、と逆に言いたいところだ。そもそも、「展翅」は、蝶の標本の姿であろう。右の引用の、最後の「蝶」は、「夢」の書き間違いではないだろうかとさえ思う。「夢を追うこころがおろそかになることはない」からこそ、「妄想に身をまかせる」ことが出来、「しこたま充実したいい気分」になるのではないだろうか。

いずれにしても、それは「湯のあつさは適度で快し」という島尾敏雄の〈夢〉と同じであり、〃許されているという幸福感〟でもあるように見える。草森紳一本人だったら、もっと実感を持ち、島尾敏雄が彼の〈夢〉の中で「妄想の迷路」をさまよう「充実したいい気分」について語ってくれたのであろうが、今さらながら、残念なことだ。

草森紳一が、奄美大島の名護に島尾敏雄を訪ねたのは昭和三十八年（一九六三年）一月である。既に晶文社の『島尾敏雄作品集』全四巻（後、第五巻が追加される）が刊行後だから、一定の評価もあった時期だが、それが一般的なものとなるのは、それから先である。

昭和四十七年（一九七二年）に、『硝子障子のシルエット』（創樹社）で毎日出版文化賞受賞、昭和五十二年（一九七七年）の『日の移ろい』（中央公論社）による読売文学賞・谷崎潤一郎賞受賞や、昭和五十三年（一九七八年）の『死の棘』（新潮社）による日本文学大賞受賞、昭和五十六年（一九八一年）の日本芸術院賞など、本人の受賞ばかりでなく、ミホ夫人も、昭和五十年（一九七五年）に『海辺の生と死』（創樹社）で田村俊子賞を受賞する。また、『死の棘』は小栗康平監督により、一九九〇年に松坂慶子と岸部一徳で映画化されている。平田満も出ているので、つかこうへいの原作の映画『蒲田行進曲』（深作欣二監督・一九八二年）にまで話を広げたいところだが、さすがに、そんなマネは出来ないだろう。『海辺の生と死』の方も、二〇一七年に満島ひかりの主演で、越川道夫監督によって映画化された。

要するに、そんな風に有名になってしまうと、草森紳一は近づかないし、離れてしまう。そうなる前の、「はじめの頃の島尾敏雄」について、まさに、その表題の短文を埴谷雄高が書いている。

《例えば、私達は、『夢の中での日常』や『単独旅行者』などのリズミカルな快感をもつた作品と並んで、『孤島夢』とか『摩天楼』とか名づけられた一連の作品に接すると、机の前で一冊の書物に読みふけつているこちらの軀が奇妙に動きはじめ、横ぶれし、そして、どうにか軀を飴のようにねじることに成功すると、ついに、こちらの軀が宙に浮き上り、そして、庇をすれすれにかすめ過ぎ、屋根の上を軀を斜めにしたまま揺れ昇つてゆくといつた感じに襲われるのである。》(『島尾敏雄作品集』月報　三十六年七月)

埴谷雄高は、その描写の途中で、その感じを「羽化登仙」という言葉も使う。この文章は『垂鉛と弾機』(未来社・一九六二年四月)に収録されているのだが、未来社の、このシリーズの中でも、特にこの巻を私は愛読している。彼の精神構造における二つの対比が鮮やかで、短文も楽しい。

《例えば、飴のようにねじつた私の軀の上半身はふわふわと浮き上りたがつているのに、空中飛行をいやがる下半身はペダルを踏む格構をしつづけているといつたバランスの崩れた異和感がそこに覚えられたのであつて、自身の内部にも外部にも偏在しているこの永劫の異和感を陰影に充ちみちた感覚のなかに見事に把え、封じこめているのが島尾敏雄の作品の特質であつた。》

これも、同じ文章の一節。まるで夢の中のシーンのようで、埴谷雄高の観念的な思念が島尾敏雄の感覚と共振している。草森紳一が描きたいのは、「頼りなげに俯いたまま暫く考えこんで見えた」島尾敏雄が、まるで「宙へ飛翔してゆくよう思われた」、そんな姿ではなかったろうか。

草森紳一なら、そこに、李賀のイメージを重ねたかもしれない。

それどころか、草森紳一だったら、島尾敏雄の息子で、写真家の島尾伸三の『月の家族』（晶文社・一九九七年五月）や『小高へ　父　島尾敏雄への旅』（河出書房新社・二〇〇八年八月）や、梯久美子『狂うひと――「死の棘」の妻・島尾ミホ――』（新潮社・二〇一六年十月）まで持ち出して論ずることだろう。

たとえば、『月の家族』の冒頭部に、小学三年生の三学期が終わったところで、伸三少年が肺炎になった話が出てくる。

《注射をされたその夜も、私は裸電球の頼りない明かりの下で生死の間をさまよったらしいのですが、母は諦めずに一晩中冷たくなった子供の身体をさすっていたと、後になって聞かされました。どうしてよいのか方策の思いつかぬ父は、子供の死を覚悟するしかなかったのでしょう。

「伸三は諦めた」

と言うと隣の部屋で寝ていたそうです。》

一見、島尾敏雄の冷たさを示しているように見えないでもない。とは言え、一般的なこととして、島尾敏雄は「自分には災いを寄せる性質がある」と小川国夫に述懐したことがあるそうなので、過酷な現実をかわすための、彼なりの方法だったのかもしれない。

また、『小高へ』では、母親に「小説を書きなさい」と言われるものの、どうにも書けず、「おとうさんのように文学という魔物にとりつかれたままの一生、命を削る楽しみを見出すことの出来た幸せ」を未だに知らないし、持ち合わせていないと島尾伸三は述べている。

小説『死の棘』を書くだけでなく、島尾敏雄の死後、ミホ夫人により『「死の棘」日記』(新潮社・二〇〇五年三月)までがまとめられたことのあれこれも、草森紳一なら論じたことだろう。少なくとも、同じように〈夢〉をもとにしながらも、小説として書いたものと、〈夢〉のままで提出した『記夢志』や『夢日記』などばかりでなく、『日の移ろい』(中央公論社・一九七六年十一月)や『続　日の移ろい』(中央公論社・一九八六年八月)の「日記」を仮想した、小説と〈夢〉のままとの間にあるような作品群については、何か発言したのではないか。

《十二月三日

見た夢のこまかな部分まで覚えているときは充実した気持ちになれるが、記憶に残らなかったからといってむりやりには呼びもどそうとはしないようにしている。消えて行くものは消えさせよう。いつかまた思い出すことがあればそのときに喜んでつかまえればいい。しかし記憶の場に呼びもどすことができた夢の世界はなつかしい。場景にしても人物にしてもからだにしみ入るようになつかしいのはなぜか。もしかしたら夢の中では鬱があらわれないからだろう

か。》

その『日の移ろい』の方の、ちょうど中程を引用した。

昭和四十六年、島尾敏雄は「へんな気鬱」が始まり、その秋に雑誌「海」の編集者が奄美まで来て、連載原稿を約束するのだが、「一か年の移り行き」(四月一日から三月三十一日まで)について書いた「日記ふうなもの」の連載に四年以上を費やすのである。島尾敏雄は「『日の移ろい』には事件を書こうとはせず、登場人物も『私』のほかに『妻』と二人の子どもと一少女に限った。主人公は鬱自身ででもあったろうか。」としている。『日の移ろい』を読むということは、記録が文学へ変貌する秘密を見ることでもあろうが、ここから先は、〈島尾敏雄論〉そのものになるしかないので、ここまでとしておく。

幻想の階段　『記憶のちぎれ雲』を読む

Ⅰ　大きく迂回し、渋滞する

半自伝的な長編エッセイ『記憶のちぎれ雲』（本の雑誌社・二〇一一年）の中で、草森紳一がしきりに「記憶」という言葉を使うのは、表題から見て、まあ当然と言えようが、その「記憶」そのものが何ともはっきりしないのだ。それどころか、草森紳一は「曖昧で平気なのである」と言い、そもそも「『正確』への趣味はない」などという宣言までする。これは、どういうことであろうか。

草森紳一は一九三八年二月二三日に北海道河東郡音更村に生まれ、一九六一年三月に慶応大学文学部（中国文学専攻）を卒業し、同年四月に婦人画報社に入社する。

一九六四年三月には同社を辞め、フリーライターとなるので、わずか三年間の編集者生活であったわけだが、その時期に出合った真鍋博、古山高麗雄、田中小実昌、中原淳一・葦原邦子、伊丹一三（十三）を回想しながら、若き日の自画像も描くというのが『記憶のちぎれ雲』の趣向である。「我が半自伝」という副題も、その意味で間違いない。しかし、よくある交遊録のようなものを思い浮かべると、読者はあっけにとられることだろう。草森紳一は自らの思い出や当時の記憶を語るのではなく、むしろそれぞれの人物の著作を通して人物論を組み立てていると言った方がよいのである。そもそも、真鍋博を始めとする、それぞれの人物との付き合いは決して深いとは言えない。たんに編集者として接したというだけなのだ。たとえば、中原淳一などとはほとんど会ったとも言えないのにかかわらず、たった一回の、出会いの一瞬が実に劇的に描かれる。

《草森紳一（1938～2008）未刊行の人物論。若き日、一九六〇年代に出会った真鍋博、古山高麗雄、田中小実昌、伊丹十三らの回想。圧巻は「中原淳一・葦原邦子」の章。十分な前置きもないまま、白い邸宅の間取りからはじまり、読む人にも書く本人にも、それからの展開がわからないという「展開」。中原淳一が階段から「吹矢」のように飛ばした、妻・邦子へのひとことへ進み、家族の深淵にたどりつく。とはいえこんな無謀、無計画なエッセイを読んだことのある人は少ないだろう。

一見、筆の流れのままに進む。だがそこには、独自の意識と節理がはたらく。発見と感動の空気がきらめくのだ。そのかろやかさ、自在さ、美しさ。日本のエッセイの世界をひろげる、珠玉の文集。》

数少ない『記憶のちぎれ雲』についての書評のことを、ふいに思い出し、資料的な価値もありそうなので、その一つの全文を引用させていただいた。二〇一一年七月二四日付の毎日新聞に載ったものだ。日曜日の書評欄だが、紙面中央の署名入りではなく、両袖の匿名記事で（門）という記名がある。正直な話、その当時、ちゃんとした書評ではないのだな、と少しがっかりした記憶がある。「珠玉の文集」などという決まり文句はさて置くとして、引用した書評は完璧である。正直なところ、つけ加える必要などないのだが、これだけで終わりにするのは、何とも惜しい。

草森紳一が亡くなって、五年も経った時だ。書評などで、なかなか大きく扱ってもらえないのは、そのためだったのだろうか。

とは言うものの、亡くなってからも、次から次へと著書が刊行され、『記憶のちぎれ雲』は、その十冊目である。生前に、四十六冊出ているので、専著は都合五十六冊になる。さらに、その時期、ライフワークとも言うべき、李賀についての著書がようやく刊行され、さらに、まだ連載原稿で単行本になっていないものも多い状況であった。

さて、「中原淳一・葦原邦子の章」である。もちろん、他の人物論も面白い。アプローチの仕方も基本的には大きな違いはないのだが、最後の場面の、中原淳一の登場がいかにも衝撃的なので、やはり、特にこの章が印象深い。(門)氏が「圧巻」とした気持ちが、よく分かる。

話は江古田の家についての興味から始まる。草森紳一が編集者として訪れた中原淳一の家は、代々木八幡の方である。それなのに草森紳一は、一家が前に住んでいた江古田の「『屋敷』の空間」の方に興味があるというのだ。どう考えても、これは奇妙なこだわりというべきだろう。どこか内田百閒をほうふつとさせる書き方は、後退につぐ後退で、さらに大きく迂回し、渋滞し、なかなかもんだいの中心へ接近しない。「十分な前置きもないまま」、家の間取りなどにかかずりあって「それからの展開がわからない」という「展開」を続ける。(門)氏は言葉のあやで、「読む人にも書く本人にも、それからの展開がわからない」と書いているが、もちろん、筆者の草森紳一はどこへ行くのか知っている。「無謀」ではあるが、「無計画」ではない。それが草森紳一の語り口なのだ。何かの「あとがき」で、草森紳一自身はツヴァイクの伝記や小林秀雄の『モオツァルト』に対する親近感を述べていたが、どちらかというと内田百閒や花田清輝を引き合いに出した方がいいのではないだろうか。植草甚一と比較されることも多いが、あいうサラダのようなサクサク感は草森紳一には全くない。決して、分かりやすい文章だとは言えない。難しいことが書いてあるのではない。何のために当該のことが論ぜられているのかが、読者にとって分かりづらいのだと思う。

《「この家は、彫刻家が建てた家で、玄関を入ったところに天井の高い、広いアトリエがあって、真ん中が当時としては珍しい吹き抜けになって、中二階があって、本当に大きな家だったの。庭も広くて、築山があって池があって、木もたくさんあり、季節の花なんかもいっぱいあった」と葦原邦子は、回想している。この江古田（中野区）への移転（それまでは西武線の東伏見にいた）は、昭和二二年のころで、夫の中原淳一が、戦後すぐ、ヒマワリ社（後に、ひまわり社）を設立（昭和二一年）、女性雑誌『それいゆ』、少女向けの『ひまわり』を刊行し、爆発的「大当り」していた時期にあたる。敗戦直後の日本では、どんな雑誌でも、出せば大当りであったというが、〈大爆発〉に近い大当りだったようだ。

「中二階の半分以上を占める納戸部屋や、台所を除いて、全部で十一部屋あったが、その中、和室は七つあった」

「母と子供たちが暮らしていた奥の部分は、一部屋を除いて、すべて和室だった」

画家である長男の洲一（昭和一九年生れ）は、右の如くその著『父　中原淳一』（昭和六二年・中央公論社刊）の中で、さらに詳しく、その部屋数までを語ってくれている。これだけ大きければ、雑誌の編集部なども楽に兼ねられる。中二階が、その仕事場（編集室）になった。》

ちなみに、葦原邦子の回想は『すみれ咲き愛みちて』（婦人画報社・一九八八年）という自叙伝で、草森紳一は、この葦原邦子と長男の洲一の回想を丁寧に読み込んでいる。

中原淳一はイラストレイターで人形作家だったたが、ファッションデザイナー、スタイリスト、ヘアメイク、作詞家でもあり、なによりも雑誌の編集者・発行人であったというのが正しいのかもしれない。例の、目が大きく西洋的な少女のイラストは一度でも目にすると記憶に残ってしまう。生活をゆたかにする方法を提案し続けたという意味では、まちがいなく戦後的な夢を人々に与えた人物の一人と言えそうだ。「大きな家」は、端的に中原淳一の成功を示しているだろう。

片や、葦原邦子は宝塚歌劇団男役トップスターとして活躍した。私の個人的な印象としては、ホームドラマでの母親役などでのやわらかな笑顔しか思い浮かべることができない。しかし、調べてみると、宝塚時代の人気は想像以上に凄かったようだ。

有名人同士の結婚であり、なおかつ、夫の中原淳一は超多忙であり、妻は子育て真っ最中である。自宅が仕事場を兼ねていて、その自宅がかなり大きい。妻の葦原邦子は単純に大きな家に引っ越しができてうれしい。夫と一緒に住める、子供をかまってもらえると考える。それまでの東伏見の家と比べて、妻は素直に「引っ越しして来て嬉しいの」と夫に電話したらしい。ところが、夫の返事は「今までみたいないい加減な生活をするんじゃないよ」という厳しいものだったというのだ。どうだろうか、草森紳一が何に注目しているのか分かるだろうか。

仕事場と自宅が一緒になっているからこそ抱える家のもんだいがある。草森紳一はそれを「やばさ」と呼ぶ。自宅が仕事場に近くて、一見、便利そうに見えるが、超多忙で、ほとんどすべての時間を仕事に向けている夫によって、そこは決して一般的な意味における家庭というものにはならなかったということだ。そのことを分析するためには、草森紳一が編集者として実際に訪れた代々木八幡の家ではなく、江古田の家に中原淳一の家庭の原型があると、葦原邦子や、長男・洲一の著作を通して草森紳一は考えているのである。

葦原邦子や子供たちの著作を通して、草森紳一はなぜ、そんなことにこだわるのかと言えば、草森紳一が代々木八幡の家で、ほんの一瞬、妻である葦原邦子を叱りつけた中原淳一の姿を垣間見たことが、すべての始まりだからだ。実は、その場面が「中原淳一・葦原邦子」の章の結末部に出て来る。そこまで読んで初めて、草森紳一が、行ったこともない家の間取りにこだわり、くどくど書いて来たことの意味と中原家の実情が、一瞬の閃光によって浮かび上がる仕掛けなのだ。草森紳一が分析を始めた本当の動機も、そこで、あざやかに示される。

到達したところが、出発点なのである。「十分な前置きもない」草森紳一のこだわりに従い、大きく迂回し、慣れない道を歩いて行った先で、なぜ、この道を歩かねばならなかったということが納得させられる。草森紳一が自らの曖昧な記憶を矯めつ眇めつ、ゆっくりと辿りながらも、結局は主観を捨て、客観的な文献処理をしたくなる気持ちもそこで初めて理解できる。感覚として感じたものの実態を具体的に確かめたかったのであろう。

《インタビューの内容について、なんら憶えていることがないのは、やる気のなさが、そのまま延長して、あたりさわりのない質問ばかりしか、しなかったためであろうか。

同行のカメラマン大倉舜二は、「舜ちゃん」「舜ちゃん」と呼ばれ、絶大な信頼を葦原邦子からも受けているようで、そのためもあってか、インタビューのほうも順調に進んだのかもしれないが、まぁ、なんとか原稿（ネーム）を書けるだけの取材は、もう十分にできたと思ってか、私は、とってつけたように、

「最後にご主人の意見も、できましたならチョットお伺いしておきたいと思いますけど、どうでしょうか」

と葦原さんに向かって言ってしまった。（下略）

その日、中原淳一は、小康をえてか、館山から東京に戻っていて、在宅中であるのを知っていてのうかつな質問であった。大倉舜二が来ていたこともあって、終始きげんのよい葦原邦子は、「いいわよ、パパに頼んで見るわね」と笑顔で答えた。それ位は、覚えている。

まもなく、中原淳一は、音もなく二階から下りてきた。

葦原邦子が、その気配に気がつき、「舜ちゃんのお友だちの『婦人画報』のかた、なにかパパにも質問がお有りだとか」、と、おそらくそのようなことを階段を下りてくる途中の中原淳一を応接間から見上げながら、クッタクなく声をかけ、私を紹介したにちがいないが、はっきりとは憶えていない。世間知らずといえ、あわてて立ちあがり、紋切りの挨拶ぐらいは私もしたのかもしれないが、記憶の中であまり鮮明でない（彼女は、じゅうたんに横座りしていた気

もするのだが）。その時、とつぜん階段を下りる歩みを止めた中原淳一は、背をキッとまっすぐに伸ばし、

「お前は、宝塚がつらくなったから、俺と結婚したのではなかったか」

と叫んだ。

一瞬、場は凍った。なんのことやら私にはさっぱりわからなかったが、わが心は突如として金縛りにでもあったように、瞬間、氷凍した。鋭い吹矢をフーッと放ったような抑えのきいた小声であったが、大きく叫んでいるようにもきこえた。彼が怒っているのだけは、よくわかった。》

草森紳一の「記憶」の全体は「あまり鮮明でない」が、中原淳一のことばは、その声の調子までが描写される。たぶん、そういうものなのだろう。自分の気になったところが部分的に思い出されるのだ。たとえば、林京子の『空き缶』という小説では、教室の机の上に空き缶を置いている女学生を先生が注意するという事件が語られる。「空き缶」の中身は、原爆で死んだ、女学生の両親の骨なのである。ところが、そういう空き缶を学校に持ってきた女学生の名前を、主人公は忘れていることに気付く。それも、同級生であったにもかかわらず、である。

話を戻そう。有名人同士の結婚、裕福な生活——そういう、外見上の幸福の裏側にある、どこの夫婦も抱えているような家族のもんだいが一瞬その姿をあらわす。

雑誌記者であった草森紳一の不用意な言葉によって、事件は突然起こり、草森はどうしたらいいのか、分からなくなる。ただ中原淳一のなぞのような言葉だけが耳に残る。つまり、この文章は、その反省と、そもそも中原淳一は何を叱ったのかということの探究なのである。その意味では、自らの記憶との戦いと言ってもいい。不確かな記憶の向こう側にある真実を見つけるために、草森紳一は文章を書き始めたのである。

草森紳一には、例えば『フランク・ロイド・ライトの呪術空間』(フィルムアート社・二〇〇九年)というような著書に見られる、建築に対する興味もある。しかし、ここでの本当のねらいは建物としての家ではなく、家族としての家である。表面的には記憶との戦いであるが、隠された裏側の主題は親子論、もしくは子供論かもしれない。

いやいや、あせらず、まずは葦原邦子の方から見て行こう。中原淳一と葦原邦子の出会いから始めた方が説明しやすいだろう。

《『すみれ咲き愛みちて』によると、宝塚歌劇団発行のファン雑誌『宝塚グラフ』では、同団のスターたちによる、各界の著名人へインタビューするコーナーがあり、中原ファンの彼女（葦原邦子――引用者）が選ばれて彼（中原淳一――引用者）を訪問した。それが二人のきっかけのようである。（下略）

彼女の表現を借りるなら、「淳一さんは『少女の友』なんかで挿し絵を描いてて、〝中原淳一描くような〟というのが形容詞になるほどで、女学生たちから見ると王子さまみたいな存在ね」である。竹久夢二、高畠華宵に次ぐ人気「スター」であった。彼女の退団は、昭和一四年。その後も、

「私が、麹町の淳一さんのお店で洋服を縫ってもらったりしているうちにつきあうようになったのですが、決定的になったのは『葦笛』の出版記念会のポスターを淳一さんに描いてもらってからなの。……その出版記念会の席上で、淳一さんがピアノを弾いて、私が『花をたずねて』というのを歌ったんです」

『葦笛』というのは、彼女のエッセイを集めて一冊とした処女出版である。昭和一五年一月の刊で、その年の一一月には、二人は結婚している。演劇評論家の尾崎宏次が、まだ『都新聞』の芸能記者のころ、この出版記念会の二人を見て、「結婚するんじゃないかというのを匂わせるような記事」を書いた。マスコミの報道が、二人の結婚を先取りするようなかっこうとなっ

た。結婚の噂が立つと、「葦原さんと結婚するなんて嫌だわ」「どうして中原淳一と結婚するんですか」という両方のファンから非難の手紙が毎日のように二人のもとへ届いた。》

互いに嫌でなかったにせよ、マスコミの報道その他によってお膳立てされたような結婚だったのではないかと、草森紳一はみている。確かに、結婚反対の手紙などが殺到したら、かえって逆に、結婚する方向へ向かってしまうようなところが、スターと呼ばれる人にはあるのかもしれない。

《「大スター」なるものは、うしろから演出されようと、自ら演出しようと、頭のてっぺんから足の先まで「エゴ」のかたまりである。エゴの良し悪しでない。エゴのない人間なんてものは、ひとりとしていない。ただほとんどの人間は中途半端である。個性はあっても、個性が確立していない。》

こういう感想を読むと、いかにも草森紳一的だなあと思う。ストイックな文体というものが一方にあるとして、それと全く正反対な文体だと言ってみたい。論理的でなければならぬ文章の網目から文学的な感受性がいつのまにか、勝手に顔を出している。この文章など、かわいいものだが、「ちょっと、そんなことを言ってはマズイのではないか」という気にさせられる場合も時々ある。もっとも、そういう滑らかではない、ざらついたところが草森紳一の文章の魅力でもある。ある意味、それはストイックさを捨てていないということかもしれぬ。締切り破りであり、遅筆で、校正するたびに長くなるというのは、どうも有名な話らしい。その上、内容も普通ではない。

《街をふらついていて、急におかしくなった。私は吹きだしたくなった。思わず、ひとり笑いしてしまった。看板をみながら歩いていた時のことである。

ひしめきあう建造物群が、玉石混淆に乱立している。それに対応して看板も玉石混淆である。これはだれでもが感じることだろう。玉石混淆というのは、もちろん石が多くて玉がすくないことをいうのである。もしこの看板群に対して美的規矩をもちだしてみよう、などという野心をおこせば、ほとんどが失格ということになるだろう。善悪の価値の斧をふるうと、きっとそうなる。

だが失格だからといって、それがどうしたのだ、といいたくなるところが看板にはあるのである。美的規矩をふりまわすことが、空しくなるようなところがあるのである。たとえ失格の看板ばかりであっても、いいではないか。そんなことを批判したところでなんにもならないではないか、というところが看板の運命としてはある。

それはどういうわけか、というと、玉石混淆でよいのだということである。悪い看板、醜い看板、それでけっこうということだ。悪い看板があってこそよい看板が目立つのだというより、そういう玉石混淆こそが、文化の総体なのであり、今日の生活空間の総体なのであり、よい看板づくりの運動を促進してみてもなんにもならない、という気持ちが私にはのこる。

（中略）

私は、現代の日本の汚い看板群が好きである。これでよいと思っている。その中にまじっている洒脱な看板、すっきりした看板も好きである。つまり私は、日本のごった煮になった、看板のひしめきあいが、好きなのである。》（「泡沫となって地に湧く――看板の運命――」）

これなども、草森紳一の気持ちだけが前面に出ている。『軍艦と草原』（九藝出版・一九七八年）というエッセイ集の中の一篇から引用した。広告やデザインというのは、草森紳一が取り扱い続けた領域ではあるが、決して口触りのいい文章になっていない。もう少し専門的な装いをしてみせた方がいいのではないだろうか、などと心配になってしまう。「看板のひしめきあいが、好き」なのはいいとして、そう主張すべき論理は何もないのだ。「玉石混淆でよい」というのは、意見というより、草森紳一の文学的感受性という以外ないように思う。ただ、注意しておきたいのは、草森紳一の心の底にあるのは「無垢」とでも呼ぶしかないようなものであるということだ。「玉石混淆」だから清濁併せ飲むようなところが彼にはありそうに思われるが、草森紳一は「清濁」にしても、「善悪」、「美醜」にしても、そういう意味付けをしないのである。意外なことに、草森紳一は「純粋」なのである。

まあ、話を戻そう。二人とも「大スター」なので、エゴとエゴとがぶつかり合う。もんだいの根源は、そこにある。ただ、「正直に、率直に、明るく育てられた」葦原邦子に、神経質で暗い中原淳一はほとんどお手上げの状態であったらしい。そのことを、目に見えるように示しているのが「家」だ、と草森紳一は考えたのではないだろうか。

《「僕の記憶では、正月の時期を除いて、他の一年中、それらの部屋の障子や襖はどこかかならず破れていた。桟や骨が折れたり、欠けたりしていることも、めずらしいことではなかった。畳はもちろんすり切れていた。茶の間はとくに酷い状態だった。障子越しに続く、庭に面した広い縁側は、その表面が金属の玩具で傷だらけで、塗り損ねたクレヨンがしみ込んでいた」

「白い壁と大きなガラス戸には、汚れた手で触れた跡がそのまま残り、全体にも薄汚れていた」

「母と子供が暮らし、使う部屋の部分は、どこもそういう有様だった」

息子の中原洲一は『父　中原淳一』の中で、右の如く詳細に江古田空間を描写している。子供たちの手による狼藉の跡である。父が「真っ黒に汚れた、物置小屋に変ってしまった」と激怒するところのものである。葦原邦子は、その「惨状」を回想の中で語っていないが、狼藉の当人である息子洲一は、記憶の底へ下降し、まるでえぐるように、その荒野と化した江古田の空間をいたましく、かつ美しく描いてみせる。》

東伏見の家よりも大きな家であったのに、この有様である。「今までみたいないい加減な生活をするんじゃないよ」と、中原淳一ははっきりと葦原邦子に注意したのに、この惨状なのだ。「母と子供」と父とは、同じ家にいながら交渉がない。天真爛漫な葦原邦子に対して、中原淳一はお手上げである。葦原邦子がその「惨状」を回想で語らないのは、それを「惨状」だと考えていないからかもしれない。中原淳一はその「惨状」をどうすることもできないが、「激怒」している。エゴとエゴの結婚なのだから、当然の結果であろう。ところが、草森紳一の目は奇妙な方向へと向かう。その「惨状」を「いたましく、かつ美しく描いてみせる」息子・洲一に対する、この草森紳一の眼差しのやさしさはなんだろうか。

父は「昼も夜も仕事に没頭し、それに明け暮れていた」し、母は「放任ではなく頑固に放任主義を守る」。そして、中原淳一は「子供たちを叱る以上に、母の責任を問い、厳しく非難したのである」。ところが、洲一は「いわゆる『思い出』のまどろみへの逃げ」を拒否し、「父がどういう男だったのか、何を考え、何をする人間だったのか、それを書くのだ」として、『父中原淳一』をまとめるのである。結局、二人のエゴのぶつかり合いが、ひと捻りされて、子供へと及んだような気がする。病状はいつでも、一番弱いところに出現する。

《「家中の破損と汚れは、すべてぼくたち子供が、たっぷり時間をかけて行ない与えたものだ。それを行なっている最中子供たちは、自分たちがどれだけ貴重でまた必要不可欠なものを傷つけ、損なっているのか、意識も理解もしていなかったはずだ。むろんそのことが、自分たちの罪を免れる理由になるわけでもないが」》

本当は、洲一がこんな風に感じる必要はないと私は思う。父は父として子を叱り、母は母として子を叱れば良かっただけのことだ。ところが、父は母に怒りをぶつけ、母の「性格や信念は不動なので」、「オタオタと彼女は悩むが、最終的には動じることはない」。結局、子供だけが背負う必要のない痛みを感じている。「無意識を免罪符として欲しくない」洲一の決意は、やはり美しいのであろう。切ないというより、その「逃げない構え」を美しいと評価すべきである。草森紳一は、ある意味では「中原淳一・葦原邦子」を論じようとしたのではなく、中原洲一をこそ論じたかったのかもしれない。

II　李卓吾の「正道を歩む異端」

草森紳一に『子供の場所』(晶文社・一九七五年)という一種の子供論がある。雑誌連載時は「児童遊園地論」という表題で、七〇年代当時の「児童遊園は、子供を見くびったところから誕生している」と論ずるものだ。確かに、その頃、あちらこちらにあった原っぱや空き地が急速になくなり、「公園」と呼ばれる場所がどんどん出来ていった気がする。

《子供は、弱肉強食のジャングルに生きている。大人はそうは考えたがらないようであるが、生死の境に生きているのだ。生死など考えないだけ、おそろしい生きかたをしているのだ。（下略）

怪我などですんでいるのは、それはまさに力足らずだからであり、空気銃などを自由にもたせたら、街路は血の巷と化すだろう。このことは、なにも非行少年だけの話ではないのである。どんな温和しい子供の中にも、この野獣性はある。大きな石ころを小さな手のひらに握って、それをふりあげて、相手の顔面めがけて打ちおろすこともあるし、川の淵へおびきよせてつき落とすこともある。怪我などをこしらえて、タンコブを頭に盛り上げて泣きながら帰ってきたり、ドブネズミになって帰ってきたりするから、「大人」は叱りつけたり、はたまた激励したりし、時たま大けがでもすれば、相手の家へ怒鳴りこんだりするが、内実は、「お宅の子は乱暴で！」とか「子供のしたことですから、どうか御勘弁を！」といったものではないのである。死んだかもしれないのであり、たとえ死んでも、「子供の喧嘩に親が入る」の諺ではないが、大人の関知せぬ世界でのできごとなのである。子供は、生き死にを賭けて生きているのである。》

これが草森紳一である。ざらついた表現であるが、本音で書いていて、切れば血の出る文章だ。

行政に対して「児童公園などというものはいらない」などと簡単には言えないだろう。それが、一般論というものではないだろうか。防災という観点一つとってみても、そこに適度なスペースは必要にちがいない。「子供をみくびっている」にせよ、公園はないより、あった方がいい。ただ、子供はそんなところでは遊ばないだろうなと私も思う。

もちろん草森紳一も、そんな常識的なことは百も承知なのだ。その上で、そういう時代の論理に抗している。たとえば、草森紳一は、同じ文章の中で、ふいに「獄中で自殺した明の思想家李卓吾」などについて触れてみせる。彼が中国文学専攻であることを、改めて思い出させよう。短期間ながら、慶応大学の非常勤講師であったこともあるので、場合によっては、本当に研究者になったかもしれない人なのだ。李卓吾の著述になる『焚書』の中に、有名な〈童心説〉があるという。

《李卓吾は、なぜ人は、この童心を失ってしまうのだろう、と反問している。それは、人間が、「聞見」したものとか「耳目」にしたものに支配されるからだという。さらには道理がわかってくるからだともいう。そして年をとるとともに、道理についての聞見が増大し、知覚は広域に渡るようになり、美名への関心が高まり、そうであろうとつとめているうちに、童心は磨滅して

しまうのだという。》

子供は「遊びを遊んでいるわけではない」。それを「遊び」だというのは、「大人の観念」である。児童公園の設置それじたいも「大人の観念」によっているのだと批判する根拠の一つとして、右の説を草森紳一は紹介している。

《道理に生きるとは、仮構に生きることである。自分に生きないことである。李卓吾に言わせれば、童心の障《ふさ》がれている大人の言動は、ことごとく他者の道理や聞見知識を仮りているので、その言葉はすべて仮言であり、なす事はすべて仮事である。文章を書いたりすれば、すべて仮文、つまりその人そのものが仮人であり、仮人が仮言をもって仮人に向かって言ったりするのだから、仮人が喜ぶのは道理、満場これ仮の世である、と彼は言ってのける。》

これは危険思想であろう。だからこそ、これによって「童心にあらざるもの」として、中国を支配していた「六経論語孟子の世界」を攻撃できるので、李卓吾は異端視され、ついには投獄の憂き目を見たわけである。

せっかくなので、少し李卓吾（1527～1602）に触れておきたい。名は贄《し》、卓吾は字《あざな》で、温陵とも号する。福建晋江の人。明末の儒者。陽明学左派。一五八〇年に官を辞し、剃髪し在家居士として著述に専念する。「乱道惑世」の思想犯として投獄され、獄中で自刎して果てる。吉田松陰が獄中で愛読したことで有名だが、草森紳一はそれには触れない。

《李卓吾は童心を真心といったあとで、なお童心とは「絶仮純真、最初一念の本心」であるともいい、これを失却するということは「真人」であることを失却することだといいます。ではどう失却するのか。人は生まれながらに童心をもつが、成長して「道理聞見」が耳から入り、それにつれて世間的知恵も発達してそのため童心が阻害され、仮事・仮文を事とするようになって、ついには童心が失われる。つまり、真人であることを失却して仮人となる。こう述べたあと、李卓吾は話を転じて、天下の至文といわれるものは童心から発出したもので、たとえばそれは唐詩や元曲（元に起こった戯曲）、あるいは明の小説の『水滸伝』などで、これら以外になお『六経』だの『論語』『孟子』だのを担ぎ出す必要はない、といいます。》

集英社版〈中国の人と思想〉⑩の、溝口雄三『李卓吾　正道を歩む異端』（一九八五年二月）

から引用した。李卓吾のいう「童心」とは「欲望も含んだ生身の人間の赤裸々な心」のことだと溝口雄三は注意している。つまり、李卓吾が「仮」として対抗しているのは、具体的にいえば当時の朱子学的な道徳観念であり、既成の社会であるということだ。溝口雄三は、さらに述べる。

《彼（李卓吾――引用者）は孔子の残した言葉や事跡を「跡」として、效顰《こうひん》学歩流に学ぶことを拒否する一方、その真の足跡についてはどこまでも学ぶべきだと考えていたわけです。真の足跡というのは、孔子の一身一家をすてての求道の精神、いいかえればあるべき真の社会秩序を求めての創造の営みです。》

そこで社会秩序をもんだいとするからこそ、李卓吾の思想が危険視され、それこそ「正道を歩む異端」と呼びたくなるのだろう。溝口雄三は別のところでも、「観念的な理念にはしり、人間の真情から遊離したところに道を求めても、それは真の道ではない、世間の情理のなかにこそ道の情理はある」と、李卓吾は考えたと説明する。「聖人を人間の究極の価値としない」というのは、「人間の本質を道徳的本性に限定しない」ということでもあろう。李卓吾は『蔵書』

の冒頭で次のように言っているそうだ。曰く、「人の是非には、初めより定質なし。人の人を是非とするや、亦《ま》た、定論なし。……然らば則《すなわ》ち今日の是非は、予、李卓吾一人の是非と謂うも可なり」と。

是と非。それが道理にかなうかどうか、という判断には、普遍絶対のものはなく、個別的であり、相対的ではないかという疑いを呼び起こすような時代背景も見ておかなくてはならないかもしれぬ。科挙に合格することだけが社会的な上昇の道ではなく、経済分野や芸術分野など、多元的な価値観が生まれ、科挙そのものの腐敗もあったのであろう。儒家の観念論や、体制的な朱子学の狭い枠を破り、李卓吾が聖人を人間の究極的価値とせず、人間の自然の性情を認めたことが反社会的であり、体制批判となったことは分からないでもない。

ここで、草森紳一が吉田松陰に触れていないことは、草森紳一が反社会的であるにしても、決して政治的な領域に踏み込まなかったことを示している。それは、彼がヒットラーや毛沢東を対象としながら、宣伝とかプロパガンダというモティーフ（題材）によって人間の愚かさを論じていることと同じなのだろう。なぜか分からないのだが、草森紳一はそれほどに現実に対して深い虚無感を抱いているように思われる。

まあ、それはそれとして、子供は、いずれにせよ、やがて「童心を失わざるをえない」。社会が社会として成立している以上、仕方がないところがある。できるとすれば、いくらかなりとも「童心をのこすことしかない」と草森紳一は言う。彼が〈童心説〉から取り出したいのは、社会批判の部分ではなく、精神の無垢性とか純粋性のようなものかもしれぬ。そこに「素朴」という言葉を重ねてもいい。子供についての興味もそういう問題意識の延長線上にあるのではないだろうか。草森紳一には、画家のアンリ・ルッソーを「素朴」という観点から論じた『素朴の大砲』（大和書房・一九七九年）などという著作もある。『子供の場所』の自跋では、その「素朴」に、さらに「遊び」や「ナンセンス」、「マンガ」などという言葉も重ねている。考えてみれば、そもそも彼はマンガ論から評論活動を始めたのであった。

確か大岡信の「純粋について」という文章だったと思うが、ヴァイオリンの音の例を挙げながら、「純粋」というものは感受性を組織してつくり上げるものだと論じている文章があって、驚いたことがある。大岡信はそこでエリュアールの詩の一節を引用していた。

年をとる　それはおのが青春を
歳月の中で組織することだ

その、「純粋」というのは守るものではなく、自らつくり上げるものだという説に、私は、昔、大袈裟に言えばコペルニクス的な発想の転換を感じたものである。「童心をのこす」という発想は、一見、精神の無垢性や純粋性を守ることのようにしか見えないが、草森紳一が「童心」や「素朴」について、くりかえし考え続けることじたいが一種の感受性の組織化になったようにもみえないでもない。実は、中原洲一『父　中原淳一』に対する草森紳一の思い入れも、その一つではないかと私は疑う。

《「私」なるものは、あやうやで、だが、かけがえのないものである。あやうやで、しかしかけがいのないものなのは、官能が支配するからだが、このあやうやさを含めた官能を信頼するところからはじめることによってしか、「私」から脱けでる道は、ありえようとは思えぬ。官能は、つねに多眼である。雑多な目をもった一つ目である。》(『子供の場所』自跋)

草森紳一の文章では、時々、独特な表現に出会う。「あやふや」は知っているが、「あやうや」は知らない。しかし、「危うい」という言葉があるので、意味は想像できる。あるいは、「あやうや」は「あやふや」の古形なのだろうか。いやいや、たんに誤植であるにしても、そういう言葉のもんだいだけでなく、彼の発想そのものが独特である。手づくりである。

ここでは、特に「官能」という用語が分かりづらいが、まあ「感受性」のことだろう。いわば、これが草森紳一の「童心」であり、「素朴」の説明になっているのではないだろうか。草森紳一の感受性の底にあるものだ。同時に、「多眼」とか「雑多な目」とかいう言い方から見ると、それは感受性を組織化するということを意味しているようにもみえる。

《この十年ほど、物に対《むか》うにあたって、私はストイックなまでに、「反射」を自らに課してきた。物を物として見ることによってのみ、反射がおこる。この反射こそが、私の総体である。その反射のたびごとに、私の総体は膨み、或いは縮む。それは、時制を超えて、継起していく。それを叙述するのが、私の文章である。》

これもまた、『子供の場所』の自跋から引用した。この「反射」の説明は、まさに感受性の組織化を草森紳一自らおこなっていることを示しているようではないか。「仮文」や「仮言」、「仮人」ではなく、自らの純粋な感受性だけを組織化する試みのように見える。

さらに、アプローチの仕方としてはまったく逆にみえながら、〈童心説〉を手掛かりに、「素朴」や「遊び」、「ナンセンス」という言葉をくりだしてみせた草森紳一の思いに、この「反射」も重なり合っていないか。草森紳一の中原洲一に対する共感も、同じように説明できないだろうか。

Ⅲ 余りに「無垢」であり、「純粋」である

中原淳一を論じようと思えば、おそらく一般受けするような話題に事欠くことはないだろう。戦後という時代の中での、彼の文化的役割一つを取ってみても、そこには多くのテーマがあるはずである。たぶん、普通の物書きならそういう論点によって、一冊の新書でも一冊の選書でも、またたく間に書くにちがいない。それは、葦原邦子の場合も同様であろう。文化史的に論じたら、そこには一つの昭和史が自然に浮かび上がる。あるいは、評伝的な興味をもって実生活に分け入るのも面白いかもしれない。ところが、草森紳一は、そういうテーマには向かわない。たぶん彼の文章の分かりづらさの一つは、そこにあろう。

実は、代々木八幡の家で、妻の葦原邦子を叱りつけた中原淳一の姿を、草森紳一はたまたま

見かけるのだが、それはまさに「たまたま」であって、その時、中原淳一が家にいたというのは決して当り前のことではなかったのである。

中原淳一は、その代々木八幡の家に引っ越して三日目に倒れている。そして、その後は、高英男がいる館山の別荘にいることが多かった。

高英男は有名なシャンソン歌手である。確かに、中原淳一の世話によって成功したということがあるにせよ、中原淳一がずっと高英男の世話になり、葦原邦子もそのことに対して静観したままというのは不思議なことであろう。今なら、週刊誌が派手に騒ぐところだ。中原淳一を論ずる草森紳一にとっても格好の話題の一つであるはずだが、草森紳一の叙述はたんたんとしている。

有名人同士の結婚というだけでなく、宝塚の男役と女性雑誌の編集者との結婚でもあった。どこか、男と女の役割が逆転しているような二人の結婚でもある。悩むのは「二人のスターの間に生まれてしまった」洲一である。天真爛漫な母と陰気で神経質な父との間に子供がいる。エゴとエゴとのぶつかり合いの中でたたずむ息子がいる。ただ、草森紳一は、それを「芸術一家の奇景」という視点でとらえるのではなく、一つ家庭の「平凡な劇」として描いてみせる。

中原淳一が脳溢血で倒れて以来、十一年間の長きにわたり、高英男は彼の世話をしたようだ。

葦原邦子はそのおかげで自分がTVなどの芸能活動ができて、一家の生活を支えられたという
ように合理化するのだが、子供たちはそのことをどう見ていたのであろうか。
草森紳一が大学生のころ、「中原淳一がホモセクシャルの人」であることは「常識」のよう
になっていたのだという。世の中というのは「当人や家族の心の痛み」を思いやるところがない。
それに対して、葦原邦子は「ジャーナリズムの話題の人」である。夫の中原淳一が倒れ、一家
を背負って、芸能界で「獅子奮迅している妻の鏡」ということになる。ただ、ふたたび問うが、
子供はそれをどう考えていたかということである。

《……少年時代から、洲一の心にひっかかっているのは、父の同性愛への疑いである。この『父
中原淳一』の発端の章は、父の死に立ち会わないことについて述べることからはじまってい
る。抜粋しながら、摘録したい。
「全身衰弱し、昏睡状態に陥った父の許《もと》を去り、ぼくがそのまま戻らなかった直接の動機は、
高英男氏にあった」
「ぼくが、高氏の存在を忌避したのだ」
「父の臨終について話せば、近親者として父の死に立ち会ったのは、ただ高英男氏、ひとりだっ

た」

「家族で、ぼくの母、姉、弟、妹、誰ひとり父の最期を看取《み》る者はいなかった」

「千葉県館山市で、父が闘病生活を送った過去十一年間、その父の傍《かたわ》らには、高氏の姿が常にあった」

「ならばこそ、父の死の床でも、当然そうだった」

「むろんそれは、終始、父の確固とした意思でもあったろう」》

中原洲一の文章から読み取れるのは「痛み」ばかりである。高英男に対する「忌避」はあるにせよ、それは決して攻撃的なものにはならない。たぶんそれは高英男の行動の裏側に、父親の「確固とした意思」が感じ取れるからだろう。結果的には、父は「家族をほうり出し、ひとり勝手に生きて、勝手に死ぬ」ことになるわけである。だが、この息子は父を憎み切れない。父について書き始めて、この息子は、かえって父とのつながりばかりを改めて思う。「父が亡くなったいま、ぼくの身体の中を流れる血以外、生きた父のものは、もはや何も残されていない」とまで洲一は書いている。

実際は、多くの雑誌を始めとして、中原淳一の表現活動が今でも様々なかたちで残っている。

にもかかわらず、なぜ洲一は「何も残されていない」と言うのであろうか。

草森紳一は、中原洲一の『父　中原淳一』を「父の奪還の物語」であるとしている。中原洲一は、父の像を決して通俗な観点でさばいてはいない。父に対する自らの言動も合理化してはいない。抱えられないものを抱えて悩む中原洲一の姿は、余りに「無垢」であり、「純粋」である。草森紳一の文学的感受性は、中原洲一に対して、これ以上ないくらいの共鳴を示していると言っていい。

Ⅳ　記憶の底で聞いた言葉

草森紳一は『記憶のちぎれ雲』で何を描きたかったのだろうか。先に「反射」という用語を引用したが、その言葉を使っていいなら、結局は「反射」なのだと思う。

真鍋博、古山高麗雄、田中小実昌、伊丹一三（十三）の誰であれ、その「反射」を通して、草森紳一は自分自身の姿を見たかったのではないだろうか。それらの人々が、いずれも表現者であることは偶然ではない。草森紳一はまるで自らの「記憶」を確認するように、それらの人々の著作や人生を検討する。草森紳一は自分の「記憶」を絶対視していない。むしろ、自身の「記憶」の底にあるものを見ようとしている。言ってよければ、自身の「奪還の物語」なのかもしれない。

草森紳一は実に多様な分野に亘って旺盛な仕事を展開した。『江戸のデザイン』（駸々堂・一九七二年）という大冊によって第二十七回毎日出版文化賞を受けてはいるが、実は、一般の人の視野に入るような仕事は必ずしも多くない。エッジの利いた鋭い批評は玄人好みの文章で、活動場所も専門誌や余り聞いたことのない雑誌での連載ばかりだった。

草森紳一の本のほとんどは、まずモノとしてすばらしい。『江戸のデザイン』などは、横尾忠則の装幀で美術品といってもいいものだ。ついでに言うと、『素朴の大砲』の装幀も横尾忠則で、書物というのは、ただ文章のみがあればいいというものでないことが分かる。時代の中で、デザインやイラストレーション、マンガなどの新しい動きに出合い、編集者としての仕事の過程で多くの写真家とも出会ったことは、彼が文章を書き始める動機ともなったのではないだろうか。と同時に、それらの写真やデザイン、イラストやマンガが彼の著作を飾ることにもなった。言ってみれば、写真やデザイン、イラストやマンガの新しい動きの援護射撃をすることによって、逆に、それらに守られたと言えるかもしれない。とは言え、そのことによって、草森紳一自身は、自分がどこに向かっているのか分らなくなったこともあったようにみえる。「ジャンルとの対決」というもんだいである。草森紳一の文章は、評論でもなければ、エッセイでもない。扱う対象も、古典的な作品もあり、最新の現代ものもあり、こだわりがない。題材を選ばないということは、自分の立っている場所がないということにもなろう。

草森紳一自身は、エッセイ集『悪食病誌　底のない舟』(昭文社出版部・一九七二年)の後記や、文学的エッセイ集『印象』(冬樹社・一九七八年)の跋文で、それを「ジャンルの病」と呼んでいる。とは言うものの、旅のエッセイ集『旅嫌い』(マルジュ社・一九八二年)に収録されているインタビューをみると、七〇年代後半には、草森紳一は既に「雑文」を肯定的にとらえている。自分の文章を「雑文といわれることについてどうおもいますか」という質問に対して、次のように答える。

《普通は謙遜したり否定的な意味で使われるんだけれど、僕自身は肯定的な意味で、雑文を考えてきたんだけれどね。雑文のスタイルが、一番自分の言いたいことを書けると思っているわけ。たとえば百枚のものを書いても雑文という意識があったし、小説も雑文の一体だとそこまで拡げて雑文を考えてきた。》(「旅の裏切り」――『旅行アサヒ』のインタビューに答える)

そういう意識の裏側にある考え方は、次のようなことだろうか。
《自分の身体でひき受けられるものは、みんな（どんな分野についても——引用者）書きたいということです。結局なに書いたって自分の方に引きずりこんでいくわけだから、なんでも書けるってことかな。ジャンル別に原稿を書き分けている、という感覚なんか全然ない。》
《いいものを書きたいとか、傑作を書こうとしたことなど、一度もないですよ。文章を書くということは、体験だと思っているから。》
『印象』の跋文には、「サブカルチュア」や「中国文化のありかた」、「子供の世界の再発見」などとの接触が「ジャンルの病」から自分を解放してくれたと書かれている。あるいはまた、次のようなことを、草森紳一は言う。
《私の文章は、すべて「印象記」だといってよいが、そのわりには、すっきりしたところがないのは、印象を絶対の出発としながらも、出発後の自分の動きを、逐一もりこもうとしたことにおこっている。曖昧なる人間として、曖昧なるルッボ、即ちごった煮になった自分の様相を、その様相のままに捉えたかったからである。私は命がけでも、物ごとをすっきりさせたくない。》

この「命がけでも」という啖呵は憶えておいていい。分かりやすい文章を書こうなどという気はさらさらないのだ。記憶の奥底へと向かう気構えを、まず、そこにみておくべきだ。

『en-taxi』という雑誌が「草森紳一　雑文宇宙の発見者」という特集をおこなったのが、二〇〇五年の九月である。ようやく世間が、草森紳一文章を「雑文」なのだと明確に、肯定的にとらえることができるようになったのが、晩年近くの、その頃である。

もちろん、草森紳一には、ヒットラーを扱った『絶対の宣伝』（番町書房・一九七八〜一九七九年）や、『中国文化大革命の大宣伝』（芸術新聞社・二〇〇九年）、『荷風の永代橋』（青土社・二〇〇四年）など大部の著作も多く、またアンリ・ルッソーや李賀、副島種臣等については、生涯を通じて、くりかえしくりかえし論じている。それらを研究と呼んでもいいのだろうが、まとめて「雑文」としておきたい気がする。それらの文章の底にあるのは、やはり草森紳一の文学的感受性とでも呼ぶしかない〝無垢な魂〟のように思えるから、である。

『記憶のちぎれ雲』が雑誌『クイック・ジャパン』に連載されたのが、二〇〇四年から二〇〇七年にかけてで、その頃、草森紳一は、まさに自在に「雑文」を書くことができるような、一種の高みに立ったのではなかったろうか。

どんなに長くても「雑文」なのだ。ジャンル分けできない文章なのである。「雑文」なのだが、そこには草森紳一の文学とでもいうしかない何かが息づいている。

草森紳一は自らの大学入試時、露文か中文で迷ったのだそうだ。大江健三郎と石原慎太郎の登場により文学を諦め、大学卒業時には映画監督の道を目指し映画会社を受験するものの、最終面接でケンカをして、心ならずも出版社に入ったのだという。

中国文学者としての道もあったはずだが、時代に対してとんがり続けていたのだろう。結局、〝物書き〟になる。思うままにやってきて、やっと自分自身をそのまま表現できるような高みにまで到達したわけだ。『記憶のちぎれ雲』は読んでいて飽きない。くりかえしの表現も多いが、それが草森紳一の思考のリズムだということがよく分かるので、無駄にみえないし、余分だとも思わない。ここでは取り扱わないが、伊丹（一三）十三についての文章などは、もっともっと書きついでほしいと思わせる。小説家の島尾敏雄についても書く予定だったというが、それを読む機会はついに永遠に失われてしまったのも残念だ。今頃になって、ようやく私も、分かりにくい草森紳一の魅力が分かり始めた気がしている。

植草甚一が『ぼくは散歩と雑学がすき』（晶文社・一九七〇年）を出して、ちょっとしたブームになった一年後、同じ出版社から同じような装幀で、草森紳一の『ナンセンスの練習』が出る。当時、大学生だった私はそれを買い求めて読んだ。植草甚一の『ぼくは散歩と雑学がすき』には癒されたが、草森紳一の文章はうまく私の頭に入らなかった。それから三十年以上の年月を隔てて、二〇〇五年に『随筆・本が崩れる』（文春新書）を買うまでの長い間、草森紳一は、私にとって〝無縁の人〟でしかなかった。ところが、その同じ文章に、今は親しみすら感ずるのである。

《私の中には、精神の高みへのぼろうとする意志ばかりがあって、ビートルズが好きだというのは、ビートルズが嫌いだと偉そうにいう連中への逆ひねりのポーズなのであって、ほんとうはビートルズなどは好きではないのではないかということである。所詮、逆スノブなのではないか。あるいはもともと自分の中には通俗性の血が奔流をなしていて、ビートルズの通俗性が自分の血に溶けこんでしまうことに、恥じらいを感じ、あわてて精神と知識の高みへのぼろうとし、そういうふりに成功した顔をさらに逆転させて、わざとビートルズが好きだといっているのではないか。あるいは、私の精神構造は、通俗性と通俗否定の要素がごったになっていて、ビートルズが好きなのは、その通俗性の部分とどんぴしゃだったからではないか。またまたあるいは、ビートルズの音楽は、もともと通俗的なものではなく、私の通俗否定の要素の部分とどんぴしゃだったからではないか。》

『ナンセンスの練習』の冒頭のビートルズについての文章である。草森紳一は取材ということで、ビートルズが宿泊したヒルトンホテル十階にある、「廊下を隔てての隣」の部屋に陣取る。「東京のビートルズ」という写真集をつくるためのライターとして参加していたのだ。これ以上ないくらいの場所取りができたのに、思ったような取材ができない。

ここでも、ビートルズの五日間の来日について、草森紳一の頭の中には「ふたしかな記憶」しか残っていない。いやいや、写真集はどうも出来たようなのだが、草森紳一には「他人の仕事」に思え、それから、まだ半年にしかならないのに、ビートルズ来日が「おぼろな遠い日」のように見えている。挙句の果てに、右のような原稿をまったく関係のない別の雑誌に書いたわけだ。

草森紳一は「ビートルズが嫌いだと偉そうにいう連中」を嫌いなのだ。これは、はっきりしている。同時に、「通俗」なのも嫌だ。一方、「精神の高みへのぼろうという意志」はある。ビートルズを嫌いだとは言えないが、ビートルズを好きだと言うことは、自らの「通俗性」を見抜かれるようにも思われる。考えてみれば、これは不思議な自問自答だ。ビートルズを好きなら好きでいいし、嫌いなら嫌いでいい。それだけのことだろう。ここでの、草森紳一の自問自答も、どこかちぐはぐな感じがしないでもない。今となってみれば、ビートルズは「通俗」というより、いささか古典的な装いすらみせている。

視点を変えてみれば、ここで草森紳一は自らの文学的感受性に触れているということかもしれない。「通俗」という用語で彼が指示そうとしているのは、意味的にはまったく逆のようにみえるが、もしかしたら「素朴」とか「無垢」とかいうことなのかもしれない。知的向上よりも、自らの内部に本来あるものこそが大切なのだとすれば、それは「童心」と呼んでもいいものかもしれない。「反射」ということをストイックなまでに行えば、「通俗」になるのではないだろうか。「通俗」はかならずしも打ち消さねばならぬことではない。ビートルズを好きというわけでもないのに、ビートルズを論じようとして草森紳一は身を捩るのである。そこが、当時、私にはよく分からなかった。そして、ビートルズを論じながらも、「ふたしかな記憶」の遥か彼方へと草森紳一の文学的な感受性は向かうのである。

《私は、自分の「通俗性」をはっきり確認したが、いっぽうまた「通俗性」のない人間などははたしているのか、という気もおこってくるのである。たとえば、私の愛する詩人、中唐の李賀は、通俗を斬って斬りまくっても、「通俗」が追いかけてくるのであった。そして自分の挑んだ「通俗否定」の行為に疲れた時、彼を暖かく迎えてくれる場所は、「通俗」の地帯にほかならなかった。

公や公や
壺をさげていったいどこへ行くというの
屈平《くっぺい》は湘《しょう》に身をなげたときくけど、慕うにたらないわ
徐衍《じょえん》は海へ入ったときくけど、本当に愚の愚よ
公や公や
座敷には菅《すげ》のむしろが敷かれ、大皿には魚がのっているのよ
北の里には賢い兄さん、東の隣には小姑《おねえ》さんがいるじゃないの
畑のうねには、きびやにんにくが油油と育ち
大がめの濁醪《だくろう》には蟻が浮浮《ふふ》と浮いているわ

きびは食べざかり、お酒はまさに飲みごろなのよ
公や公や、あなたはいったいどうするつもり
髪をふりみだしてあなたは流れにむかって奔《はし》っていく、いったいみんなは、どうなるの
賢い兄さんも小姑さんも、哭《こく》して、嗚嗚《おお》となくでしょう

李賀は、しばしば古楽府《こがくふ》を踏襲して、自らの通俗性のふところに抱かれた。この通俗性のうちぶところは、彼の通俗否定の階段昇りの疲れをいやしてくれる寝褥《しんじょく》であった。

楽府は、李賀の時代よりさらにむかしには、音楽の詞として用いられた自由詩体である。いわば中国古代の歌謡曲だといってよい。(下略)

李賀の数少ない詩篇の中で、楽府体の占める量は大きい。それは、ある意味で、李賀のショウスイしたこころをいやしてくれるところは、まさに通俗の心の部分であったから、好んでこの楽府体を用いたように思える。

李賀はつねに死におびやかされていた詩人だ。自らのいのちを絶つという死の形式を、社会の仕組からはじかれ、病にも侵されていた李賀は、当然考えていただろう。だが、自殺を歌った詩は、この「箜篌引《くごのうた》」一つであり、しかもそれが自殺否定の詩であることは、李賀という詩

人を、もはや一個の詩人として以上にみようとしている私にとって、ショックであったばかりでなく、李賀がこの自殺否定を、観念の世界で納得するのではなく、「通俗性」の意識地帯の中で納得したということは、ショックであった。自殺を否定する根拠を、兄や母や、畑のきびや皿の上にのった魚に見出しているのはショックだった。

ビートルズの歌への傾きも、私の中にある「通俗性」が納得したからにちがいない。彼等のうたう音の響きには、去勢されたエネルギーのまきかえしに似た「必死のエネルギー」がある。》

長々と引用したが、見たかったのは草森紳一の感受性の働き方である。引用されている李賀の詩は、特にすぐれたものだと思わないが、ビートルズを論じていて、自然と李賀にまで言及してしまうところが、いかにも彼らしい。ビートルズという存在の「反射」によって、自らの心の内部へと降り、その内部でくりかえし読み込まれた李賀の詩を「場」として、彼の感受性がしなやかに動く。『記憶のちぎれ雲』で、中原淳一の意味の分からない怒声に「反射」して、草森紳一の感受性が働き始めたのと同じように動く。いや、もちろん時間的な順序は逆なのだが、私は『記憶のちぎれ雲』を読んで、ようやくそういう草森紳一の文学的感受性の働き方が分かるようになったのである。いずれにせよ、ここで使用される「通俗」という用語は、どう見ても否定的なものにはみえない。

おそらく、ビートルズは単にきっかけなのだ。たぶん、ビートルズの実態なのではなく、ビートルズの来日を取り巻く騒動に対する違和感が、草森紳一に「通俗」という用語を選ばせている。ところが、いったん動き始めた彼の感受性は、ビートルズの歌詞を「場」として、その想像力が羽ばたく。

草森紳一にとって最も必要なのは、彼の文学的感受性が具体的な言葉を紡ぎだすべき「場」そのものなのではないだろうか。写真についてのエッセイ集『写真のど真ん中』(河出書房新社・一九九三年)に、次のような発言がある。余分な話だが、同書の跋は「おない歳」で、中原邸へのインタビューも同行した大倉舜二が書いている。

《久生十蘭であったか、ル・クレジオであったか忘れてしまったのだが、「他のことなんかどうでもいいんで、何がどうなろうとこっちは想像力に充ちみちてるし」という文句があり、すっかり気にいって暗誦してしまったくらいなのだが、写真というものは、見る立場の人間にとってみれば、この文句にふさわしい表現形式である。なぜなら、写真は「ものはいう」が、言葉は吐かない。私の場合でいうなら、一枚の写真を前にして見ているだけで、想像力が溢れでてきて、一日中、見ていても倦きないし百枚の原稿だって、書くことができる。》（「黒の意識」）

それは「写真」だけのことではあるまい。ビートルズでもマンガでも、何でもいいに違いない。もちろん、中原邸での、あの事件も同じであろう。草森紳一の想像力が働き始めると、切りがないのだ。彼は、書き直すたびに長くなるタイプの「物書き」なのである。

《つい先日、大倉舜二から電話がかかってきた時、あの日のことをいうと（四〇年以上も昔の話だ）、そんなこともあったかな、と呟いた。

「俺（草森――引用者）はまったく、白亜《はくあ》だったとかいう代々木八幡の家のことを憶えていないんだ。撮影中のことも、インタビューの内容もね。俺は、ボーっとしているので（学生のころから、ヌーボーと言われてた）、室内のことも意識してジロジロ観察したりしないんだ。これが、記憶のためには、かえってよいようで、原稿用紙に向かうと、あれやこれやと鮮明に浮びあがってくる。これが俺の極意のはずだよ。ところが、中原邸の白い家のことは、真黒になっていて、なにも記憶していないんだよ。唯一、階段の途中に立っている中原淳一の姿と、にわかに葦原邦子に向かって発した彼の言葉だけ、しっかり憶えているんだ」》

ふたたび、『記憶のちぎれ雲』から引用した。大倉舜二は「お前、よっぽどびっくりしたんだよ」と白けたように言う。大倉は、そういう場面には慣れているので、ちょっとやそっとでは驚かない。もんだいは「場所」なのだ。『記憶のちぎれ雲』は、家の構造の話から始まっているが、本当は、中原淳一の立っていたところが重要なのである。そもそも、江古田の家についても、あれこれ論評して来たのは、そのためであった。

代々木八幡の丘の上に立った「スペイン風の家」は、「地上三階地下一階」だったという。当時は観光バスも止まり、「あそこに見えます白い壁、赤い日除けの家が中原淳一先生のお宅です」と、ガイドさんはやっていたようだ。

もんだいの場所は、家族と仕事場の境目になる「らせん階段」である。初め草森紳一は、階段の途中に立っている中原淳一の姿と、彼が葦原邦子に向かって発した言葉しか記憶していなかったが、それが「らせん階段」であったことが判明して、彼の想像力が誘発されることになる。欠落している記憶を「場」として草森紳一の文学的感受性が動き始める。物ごとをすっきりさせないことによって、事件の奥底に隠されたものが姿を現す。

あの時の「誇り高き」中原淳一の「逆鱗」の裏には、女房の世話になっているという「屈辱」

もあった。そのことを検証して見れば見るほどに、「あの脈絡もなく、階段の途中から発せられた、夜空を切り裂く雷鳴の一閃の如き淳一の発語」は「魂の発露」であることが分かる。「お前は、宝塚がつらくなったから、俺と結婚したのではなかったのか」という言葉は、単に意味を示しているだけではなく、「独立した魂のセリフ」になっていると、草森紳一は考える。「栄光と孤独を内に深く秘めた男の中の男」の姿をそこに見るのだ。草森紳一が、記憶の底で聞いた言葉は、直感的に彼を襲ったので、付随する「記憶」などどうでもよかったのだろう。

《……私が中原淳一の姿を見たのは「一瞬」であったにすぎないが、若僧の心胆を寒からしめる中原淳一の魂の発露は、鬼哭啾啾《きこくしゅうしゅう》、壮絶なものがあった。その後も、なにかのついでに淳一の絵に触れるたび、あの日のことが思い出される。短い編集稼業の中のわが傷痕である。思い出すたびに、いたたまれなくなる。》

単に「階段」というつながりだけだが、そう言えば、唐十郎の芝居に、階段の途中で眠ってしまった少年を叩き起こす、大久保鷹扮する「満州帰りのおじさん」というのが出てくる、あの作品の題名はなんだったろうか。今回のこととはまったく関係ないのだが、「らせん階段」

の途中で中原淳一が叫んでいる場面を思い浮かべた時、私には、それが大久保鷹の姿と重なって見えたのである。大久保鷹は少年に対して、「いつまでも夢をみてるんじゃない」と大人の世界への出発を促す。大久保鷹は、いつまでも夢を見ていたい少年を大袈裟に何度も何度も叩く。たぶん、それが芝居の幕切れだったはずだ。とはいえ、私の記憶も余りあてにはならない。私がその芝居を観たのは、大学に入るために上京してすぐのことであり、場所は上野の不忍池であったと思う。そこの水上音楽堂に張られた、状況劇場の紅《あか》いテントが印象深かった。しかし、もしかしたら、それは私の妄想なのかもしれない。私もまた、その幻想の階段で、まるで崖の上で谷風を受ける人のように、私自身の「記憶」を揺さぶられているのかもしれない。

あとがき――再び〝なかじきり〟として

走り始めてはみたものの、草森紳一の〝雑文宇宙〟の果てしなさを実感して、改めて怖じ気立つ思いである。

前著『草森紳一の問い』と同様に、シリーズ第二弾となる本書も、草森紳一の「人と作品」ではなく、ましてや「評伝」や「論考」などとは無縁な、思いつきで書かれただけの、何とも雑駁で、ちぐはぐな感想の積み重ねに過ぎない。今はただ、その〝草森紳一「以後」〟を少しのぞき見たことで足れり、としておく。

さて、「理念」とは既知であり、見慣れたものなのであろうが、見慣れたものこそが「認識する」ことが最も難しいと、ニーチェ／村井則夫＝訳『喜ばしき知恵』（河出文庫・二〇一二年十月）の三五五番にある。「見慣れたものを問題として見ること、それを未知のもの、遠いもの」としてみなすことこそが、最も困難なことなのであろう。

今回も、洪水企画の池田康様にお世話になり、感謝申し上げます。

愛敬浩一（あいきょう・こういち）

１９５２年群馬県生まれ。和光大学卒業後、同大学専攻科修了。現代詩人文庫 17『愛敬浩一詩集』（砂子屋書房）、新・日本現代詩文庫 149『愛敬浩一詩集』（土曜美術社出版販売）等多数。近著に、詩集『メー・ティはそれを好まない』（土曜美術社出版販売）の他、評論・エッセイとして［新］詩論・エッセイ文庫 10『詩人だってテレビも見るし、映画へも行く。』（土曜美術社出版販売）、［新］詩論・エッセイ文庫 17『大手拓次の方へ』（土曜美術社出版販売）、［新］詩論・エッセイ文庫 21『詩から遠く離れて』（土曜美術社出版販売）、詩人の遠征シリーズ 12『遠丸立もまた夢をみる』（洪水企画）、詩人の遠征シリーズ 13『草森紳一の問い』（洪水企画）など。日本現代詩人会会員。群馬大学非常勤講師。

詩人の遠征 14

草森紳一「以後」を歩く
——李賀の「魂」から、副島種臣の「理念」へ

著者……愛敬浩一

発行日……2023 年 1 月 10 日
発行者……池田 康
発行………洪水企画
〒 254-0914 神奈川県平塚市高村 203-12-402
TEL&FAX 0463-79-8158
http://www.kozui.net/
装幀………巖谷純介
印刷………モリモト印刷株式会社
ISBN978-4-909385-37-6

詩人の遠征シリーズ　既刊

❶ ネワエワ紀

池田康 著　1600円＋税

❷ 骨の列島

マルク・コベール 著、有働薫 訳　1800円＋税

❸ ささ、一献　火酒を

新城貞夫 著　1800円＋税

❹『二十歳のエチュード』の光と影のもとに

～橋本一明をめぐって～

國峰照子 著　1800円＋税

❺ 永遠の散歩者　A Permanent Stroller

南原充士英和対訳詩集　1600円＋税

❻ 太陽帆走

八重洋一郎 著　1600円＋税

❼ 詩は唯物論を撃破する

池田康 著　1800円＋税

❽ 地母神の鬱　―詩歌の環境―

秋元千惠子 著　1800円＋税

❾ 短歌でたどる **樺太回想**

久保田幸枝 著　1800円＋税

❿ 悲劇的肉体

J・シュペルヴィエル 著、嶋岡晨 訳　1800円＋税

⓫ 黒部節子という詩人

宇佐美孝二 著　1800円＋税

⓬ 遠丸立もまた夢をみる　――失われた文芸評論のために

愛敬浩一 著　1800円＋税

⓭ 草森紳一の問い　―その「散歩」と、意志的な「雑文」というスタイル

愛敬浩一 著　1800円＋税